京津冀金融科技发展与河北省的定位与布局

朱连才　编著

中国财经出版传媒集团
中国财政经济出版社

图书在版编目（CIP）数据

京津冀金融科技发展与河北省的定位与布局 / 朱连才编著 .—北京：中国财政经济出版社，2019.8

ISBN 978-7-5095-9107-9

Ⅰ.①京… Ⅱ.①朱… Ⅲ.①地方金融-科技发展-研究-华北地区 ②区域经济发展-研究-河北 Ⅳ.①F832.72 ②F127.22

中国版本图书馆 CIP 数据核字（2019）第 141867 号

责任编辑：彭　波　　　　　责任印制：党　辉
封面设计：卜建辰　　　　　责任校对：黄亚青

中国财政经济出版社 出版

URL：http://www.cfeph.cn

E-mail：cfeph@cfeph.cn

（版权所有　翻印必究）

社址：北京市海淀区阜成路甲 28 号　邮政编码：100142

营销中心电话：010-88191537

北京财经印刷厂印装　各地新华书店经销

710×1000 毫米　16 开　11.5 印张　200 000 字

2019 年 8 月第 1 版　2019 年 8 月北京第 1 次印刷

定价：68.00 元

ISBN 978-7-5095-9107-9

（图书出现印装问题，本社负责调换）

本社质量投诉电话：010-88190744

打击盗版举报热线：010-88191661　　QQ：2242791300

前　言

本书围绕京津冀协同发展战略的实施，系统阐述了金融科技对促进区域经济发展的重要意义，全面、客观地反映了北京、天津和河北地区金融科技的部署和运行情况，详细分析了金融科技领域相关技术和细分市场的现状。接着从大数据、云计算、人工智能、区块链等关键技术的发展入手，对其在支付结算、网络借贷、股权众筹、零售银行、财富管理、征信、保险等各个金融业务领域引发金融革命进行了阐述，逐个对受金融科技影响的金融业务领域进行深入分析，通过对各类金融科技业务概述、业务创新、商业模式、监管现状的探讨，捕捉各金融业务领域在与金融科技融合后的创新特点，挖掘出未来可行的商业模式。最后，本书对金融科技支持京津冀协同发展、河北省在京津冀地区金融科技发展中的定位等问题进行了深入研究，为推动京津冀金融科技协同发展、服务京津冀协同发展战略提供了参考和借鉴。

全书共分7章，其中，第1章金融科技概述主要介绍金融科技的定义、金融科技的发展历史、金融科技的覆盖领域、金融科技的特征和金融科技发展的趋势。第2章京津冀金融科技发展环境分析主要介绍京津冀经济环境分析、京津冀金融科技发展政策法规环境分析、京津冀金融科技发展技术环境分析和京津冀金融监管科技发展环境分析。第3章京津冀金融科技细分领域分析主要介绍风险控制、数字货币、网络借贷和智慧金融在京津冀金融科技领域的现状。第4章京津冀金融行业主要技术应用分析主要介绍云计算在金融科技中的应用、大数据在金融科技中的应用、物联网在金融科技中的应用、区块链在金融科技中的应用、人工智能在金融科技中的应用、信息安全在金融科技中的应用和对京津冀金融科技应用的展望。第5章河北省金融科技市场供需状况分析主要介绍全球金融科技市场概况、当前金融科技市场供需状况的特点、河北省金融科技市场供需概况和金融科技细分市场供需状况分析。第6章河北省金融科技竞争格局与影响因素分析主要介绍金融科技竞争格局分析、金融科技的影响及存在问题、金融科技的未来发展方向和河北省金融科技发展的政策建议。第7章河北省金融科技发展分析及建议总结了三地金融科技/互联网金融发展的差异，分析了差距的主要体现及根源并给出了促进河北省金融科技发展意义和手段。

　　本书由朱连才负责全书的架构设计，何志强、裘咏霄、孟东霞、陈刚、湛维明、申晨、聂燕敏参与编著。具体编著分工为：裘咏霄负责第1章，孟东霞负责第2章，陈刚负责第3章，湛维明负责第4章，申晨负责第5章，聂燕敏负责第6章，何志强负责第7章。何志强、湛维明负责书稿的统稿和审阅，全书由朱连才完善并定稿。本书的撰写受河北金融学院重点科研基金招标项目和河北省高校智慧金融应用技术研发中心支持。

　　由于时间仓促，不妥之处欢迎读者批评指正。

朱连才
2019年3月

目 录

第 1 章 金融科技概述 ………………………………………… （ 1 ）

    1.1 金融科技的定义 ……………………………………… （ 2 ）

    1.2 金融科技的发展历史 ………………………………… （ 3 ）

    1.3 金融科技的覆盖领域 ………………………………… （ 11 ）

    1.4 金融科技的特征 ……………………………………… （ 18 ）

    1.5 金融科技发展的趋势 ………………………………… （ 21 ）

第 2 章 京津冀金融科技发展环境分析 ……………………… （ 27 ）

    2.1 京津冀经济环境分析 ………………………………… （ 27 ）

    2.2 京津冀金融科技发展政策法规环境分析 …………… （ 30 ）

    2.3 京津冀金融科技发展技术环境分析 ………………… （ 35 ）

    2.4 京津冀金融监管科技发展环境分析 ………………… （ 40 ）

第 3 章 京津冀金融科技细分领域分析 ……………………… （ 43 ）

    3.1 风险控制 ……………………………………………… （ 43 ）

    3.2 数字货币 ……………………………………………… （ 48 ）

    3.3 网络借贷 ……………………………………………… （ 49 ）

    3.4 智慧金融 ……………………………………………… （ 56 ）

第 4 章 京津冀金融行业主要技术应用分析 ………………… （ 60 ）

    4.1 云计算在金融科技中的应用 ………………………… （ 60 ）

    4.2 大数据在金融科技中的应用 ………………………… （ 67 ）

    4.3 物联网在金融科技中的应用 ………………………… （ 80 ）

    4.4 区块链在金融科技中的应用 ………………………… （ 82 ）

4.5 人工智能在金融科技中的应用 …………………………………（98）
4.6 信息安全在金融科技中的应用 …………………………………（107）
4.7 对京津冀金融科技应用的展望 …………………………………（114）

第5章 河北省金融科技市场供需状况分析 ………………………（116）

5.1 全球金融科技市场概况 …………………………………………（116）
5.2 当前金融科技市场供需状况的特点 ……………………………（125）
5.3 河北省金融科技市场供需概况 …………………………………（127）
5.4 金融科技细分市场供需状况分析 ………………………………（131）

第6章 河北省金融科技竞争格局与影响因素分析 ………………（143）

6.1 金融科技竞争格局分析 …………………………………………（143）
6.2 金融科技发展的益处和存在的问题 ……………………………（145）
6.3 河北省金融科技发展影响因素分析 ……………………………（149）
6.4 河北省金融科技的宏观发展方向 ………………………………（151）

第7章 河北省金融科技发展分析及建议 …………………………（153）

7.1 简要总结三地金融科技/互联网金融发展的差异 ……………（154）
7.2 差距的主要体现及根源的简要分析 ……………………………（156）
7.3 促进河北省金融科技发展意义和手段 …………………………（159）
7.4 总结 ………………………………………………………………（167）

参考文献 ………………………………………………………………（168）

第 1 章　金融科技概述

自 2015 年以来,国内外企业开始探索金融科技(Fintech)技术。金融科技主要是指以技术进步作为驱动的金融类的创新,随着互联网以及信息技术的飞速发展,如今主要指向科技产业与金融服务业的结合,金融科技或 Fintech 在后金融危机时期是一个新颖名词,被各界人士热捧。毕马威(KPMG)的数据显示,Fintech 初创公司在 2018 年获得了 200 亿美元融资,相比于 2014 年的 120 亿美元,获得了 66% 的增长。

金融科技的发展经历了电子化、信息化、网络化、移动化时代,目前正在向智慧化时代迈进。

在电子化时代,金融科技主要从会计的角度去处理金融业务;在信息化时代,数据库的出现让计算机可以解决企业的多种业务,业务流程线上化处理;在网络化时代,金融科技处理的是流程和协作的需求;到了移动互联时代,金融服务就在大家身边,它解决的是时空和泛在的问题;再到智慧化时代,金融科技更加智能,实现了智能和"懂你"。

2016 年,毕马威中国首次发布了中国领先金融科技 50 榜单及报告,报告中阐述了毕马威对金融科技行业的理解,金融科技应用趋势的观察,并提供了上榜企业的简介。

金融科技在全球范围内发展速度快、后劲强、产业规模迅速增长,成交数及投资额均呈快速发展态势。

金融科技全球布局越来越广,从硅谷、纽约、伦敦等中心城市向全球各区域扩展,其中,亚太地区的发展显得尤为瞩目。金融科技领域投融资排名前三的国家分别为中国、美国和印度。金融科技的细分领域已从最初的网络支付和网络贷款领域,拓展到金融顾问服务、消费金融、保险等众多领域。

1.1 金融科技的定义

目前全球范围内的金融科技行业仍然处于初期阶段,且全球各国的发展情况差异显著。Fintech(金融科技)是 Financial Technology 的缩写,可以简单理解成为 Finance(金融)+ Technology(科技),但又不是两者的简单组合,主要是指利用各种科技的手段对传统金融行业所能够提供的一系列产品和服务进行创新,有效提升效率的同时能够降低运营成本。而针对金融科技这一概念,包括其内涵和外延,在各界目前并无统一规范的定义,各界讨论的"金融科技"及其涵盖范围也并不是完全相同的。

(1)国际定义。

2016 年 3 月,金融稳定理事会(FSB)的第十六届全会在日本召开,首次正式地讨论了金融科技的风险及其监管的问题。还发布了《金融科技的全景描述与分析框架》报告。在这个报告中,初步对"金融科技"进行了定义,指出金融科技是由云计算、大数据、人工智能、区块链等新兴的前沿技术对金融市场及金融服务业务供给带来的金融创新,如新兴的业务模式、新技术及其应用、新生产流程或新产品服务等,从而对金融市场、金融机构或金融服务的提供方式造成重大影响。

高盛集团的全球金融投行副主席 John Mahoney 曾指出,技术应该作为金融科技相关企业的基础,而发展的重点方向应当为金融类的产品以及金融服务价值链的一个部分或者多个部分。其主要包括支付、借贷、保险、市场结构、资产管理及资金筹集等。

(2)国内定义。

中国银行的网络金融部副总经理董俊峰曾指出,金融科技主要是指互联网公司以及一些高科技公司使用云计算、大数据以及移动互联等各种新兴技术展开的金融服务。银行提供的金融产品及服务与这些公司提供的金融服务能够互补。

蚂蚁金服的总裁井贤栋曾提出:"Fintech 并不是简单的'在互联网中的金融',而是以大数据、云计算和移动互联网等技术为基础,实现金融产品以及服务的发展创新和效率提升。"

京东金融的 CEO 陈胜强指出,金融科技类的公司要做到的就是"遵从金融的本质,将数据作为基础,将技术作为手段,为金融各个行业服务,从而帮助金融行业提升效率、降低成本。"

(3)网络定义。

在维基百科中,金融科技被定义为通过科技,让金融服务更加高效的企业,能够构成一个经济产业。Fintech 公司主要是一些尝试绕过现有金融体系,而直接接触客户的企业,它们对那些不太依赖于软件的传统公司是一种挑战。

1.2 金融科技的发展历史

关于金融科技的发展,一些学者认为应从 IT 技术推动金融业变革的角度对金融科技进行划分。例如,Arner,Barberis 和 Buckiey(2015)指出,金融科技是科技不断发展,并与金融融合、提升金融效率的必然进程:

1886~1986 年是金融科技的 1.0 时代,以电报、电话等技术为代表,促进了金融全球化;

1987~2008 年是金融科技的 2.0 时代,从电子技术被广泛应用于各个金融机构开始,金融服务的效率有了较大幅度的提高;

2009 年至今是金融科技的 3.0 时代,以信息技术为标志,特别是移动通信技术与金融服务的结合。

达沃斯世界经济论坛全球金融体系理事会将金融科技发展划分为三个阶段:

第一个阶段是在 2008 年,金融危机之前的起步阶段。主要包括三个浪潮,包括 20 世纪 90 年代末出现的网上银行,以 Paypal 为标志的网上支付,以及 2005~2007 年出现的 P2P 网络借贷。在这一阶段,金融科技类企业主要出现在比较发达的市场,并且市场出现了一些模仿者。

第二个阶段为 2008 年之后,主要由移动互联技术快速发展带来的。一方面,智能手机的大量使用,使金融业得到了快速增长,增长速度甚至能够达到 100%,在中国的典型代表就是百度、阿里、腾讯等公司;另一方面,传统金融机构由于受到了更加严格的监管和化解存量风险的制约,显得非常落后,但是在业务总量以及占比上,金融科技公司影响范围尚小。

第三个阶段是从目前开始的到未来几十年的长期的挑战和影响阶段。从当前来看,金融科技对传统金融业的冲击并不是阶段性的,而是长期的挑战,它将会对客户行为、商业模式以及金融服务业的结构进行重构。

新进入者因为减少了传统金融与客户之间的交易成本而获得了大量成果。但长期的创新将会对金融业价值链的各个方面产生广泛影响，而这一过程将要持续几十年。

巴曙松认为，从 IT 技术推动中国金融业发生变革的角度看，中国金融科技的发展可以划分为三个不同的阶段：

第一阶段，即金融科技的 1.0 阶段，可以界定为金融 IT 的阶段。在此阶段中，传统的金融行业使用 IT 中的软件及硬件应用促使办公和业务的电子化、自动化，来提高业务的效率。在这个阶段，IT 部门通常没有直接参与到公司的业务中，而是作为典型的成本部门出现的。

第二阶段，可以称为金融科技的 2.0 阶段，这个阶段是互联网金融的时代。在这个时代内，金融各行业内大量企业开始搭建线上的业务平台，通过互联网以及移动 APP 等多种渠道获取用户信息等，其本质是对传统金融渠道的变革。在实现信息共享及业务融合等方面，最具有代表性的为基于互联网的基金销售、P2P 网络借贷以及网络保险等。

第三阶段，即金融科技 3.0 阶段。在这个发展阶段，传统金融行业利用一些新的 IT 技术，如大数据、云计算、人工智能、区块链等来改变信息的采集方式、风险定价模型的制定、投资决策的过程、信用中介的决策等。利用这些 IT 技术来大幅度地提高传统金融行业的工作效率，解决传统金融的痛点。其中，大数据征信、智能投顾和供应链金融等已成为典型应用。

金融业在本质上是一种数据密集的行业。随着金融业的不断进步和发展，信息技术始终是金融创新的主要推动力量。金融业从始至终都是信息技术类产品及服务的最忠实的客户，是 IT 行业不断迅速发展的推动性力量。从早期计算机使用打孔卡片进行计算到今天先进的信息技术为金融业加入了强劲的驱动力。

因此，可以说，金融科技并不是今天才开始发展，而是早就已经存在了。在这个时期，信息技术在各金融行业中的应用以及创新的推动力主要集中在金融机构的提倡以及要求，主要特征为金融业务的电子化和信息化。科技企业在这一时期内主要充当技术服务的提供者。金融业的发展与科技的发展息息相关，但又彼此不同，各自占据着不同的领域。但是，随着信息技术、互联网技术的飞速发展，社会的数字化乃至智能化程度的不断提高，人类社会环境中的生活方式与生活环境发生着巨大的变化，各个行业也纷纷向着数字化、智能化转变。金融行业这个传统的行业，也同样面临着技术革命带来的新的机遇挑战。

各行各业都已开始使用先进的信息技术，而在金融相关行业中，信息技术的应用和创新的动力主要体现在金融机构、金融企业的倡导及要求，主要特征为金融业务的电子化和信息化。科技企业在这一时期内主要充当技术服务的提供者。

2008年在金融业上是一个很特殊的年份，因为这一年的金融危机是一道分水岭，金融科技迈入了一个崭新的时期。在这一时期中，一些以科学技术为主的初创型公司已经不再满足于仅仅依靠为金融及相关行业的服务机构提供一些技术支持来获得发展。这些企业还在一些传统的金融服务等方面不断进行新的尝试，甚至在某些领域中与传统的金融企业公开展开竞争，这种不再是依附于传统的金融企业的IT企业，形成一股新生的力量，并逐渐发展起来。

2014年左右，这个科技领域更是获得了监管界、产业界以及大众消费群体的一致关注。根据不完全的统计，在全球范围内，2014年的风险投资中应用于金融科技领域的投资总额已经达到了2013年风险投资总额的3倍，大概是从40亿美元迅速增长到120亿美元。在这一阶段，金融科技类初创公司不仅大部分成功进入了金融领域，而且还有迅猛发展的态势。更为重要的是，金融科技初创公司已经开始向金融的各个领域、向多种类型客户进行渗透，极为迅速地影响了人们在金融活动中的各种行为，甚至有可能让整个金融行业发生翻天覆地的变化。由金融科技而带来的金融创新，带来了更大的金融行业的变革力量的同时，也带来了更新的风险因素。从目前来看，金融科技带给金融行业的种种机遇和挑战，是无法评估的。在这个时期中，金融科技的主要发起者是科技类企业，主要特征为：去中介化、智能化等。

在金融科技的2.0时代下，金融科技类的初创企业得到快速的发展的原因可以简单概括为四个方面：

第一，金融危机之后，全球范围内的金融监管制度变得更加严厉，各种金融机构更加注重合规及金融风险的防御控制，这就导致那些中小企业和个人申请到贷款的机会逐渐变少。在中国，中小企业融资困难、融资费用较高等问题一直存在，这也成为金融科技公司能够发展成为新型金融业务的机会。

第二，信息技术不断发展，大数据技术、云计算技术等都得到了空前的发展，这也使初创公司在金融行业的难度大大降低了。

第三，新兴的金融科技企业与传统金融机构相比，它们的特点是具有"互联网"基因，同时由于企业规模小，更方便进行创新。这些企业也没有操作复杂，维护费用过高的遗留问题，在监管、合规方面的负担较小，能够专注于某一方面的解决方案，在使用信息技术方面也具备比银行等金融机构更加强大的优点，如它们具有更加好用的、更加友好的用户界面，具有更加低廉的交付成本，并且能够带来更加适合数字营销渠道的相关的金融类产品。

第四，随着互联网的不断发展而成长起来的新一代年轻消费者，早就已经习惯了用手机端更加快捷、便宜、方便、简单、更加优秀的各种服务及客户体验，却对于那些相比而言操作更为复杂、冗余的传统金融类的服务没有耐心。

可以看出，金融科技不仅能顺应现代化的发展、科技化的进步及数字时代变化的客户需求，还能为金融行业带来新鲜的驱动力，同时还给传统金融机构带来了更新的挑战。

金融科技发展至今，已经初步具备了一定的体系和架构，并一直处于不断发展的状态，从图1-1中可以清晰地看出，科技与金融的融合便是科技金融，既是由科技企业向金融行业的逐渐渗透，也是科技企业在逐渐侵占传统金融行业领地，对于金融行业来说着实是一项挑战。但从另一个角度来看，传统的金融机构、金融企业也正在向科技企业学习，以此来渐渐提高其的科技能力和创新能力。风投孵化等机构以及一些金融机构主要借助资本来助力金融科技。金融监管部门在当前同样需要及时调整监管的思路及监管的方法。

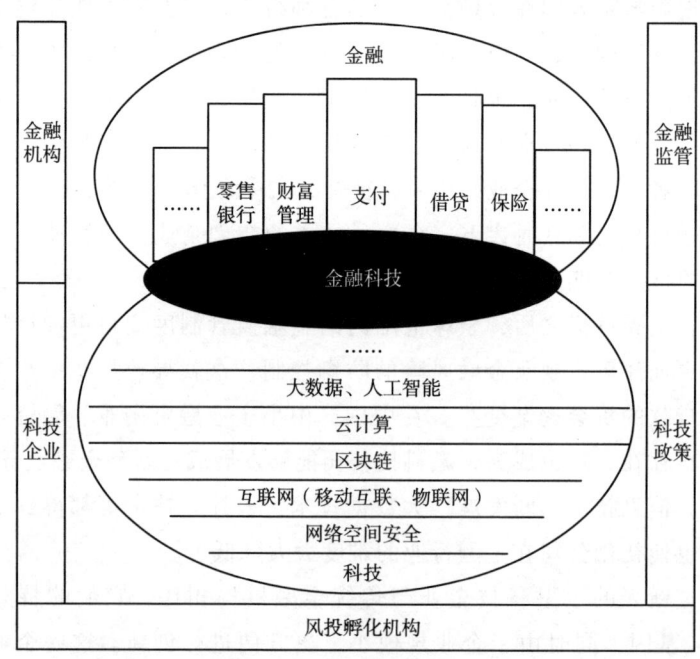

图1-1　金融与科技的交叉

科技在金融科技中起着中流砥柱的作用,是金融科技的根基。

在我国,传统金融行业一直以来都是以银行为主导,这已构成了实际上的垄断。然而互联网金融的诞生和金融科技的爆发使一些新兴的民营的金融力量开始与银行并存。这一结果既出乎意料又在情理之中,如今,四大行也积极投身于研究科技金融的行列中。

在金融科技的变革浪潮中,银行也是这一场浪潮的积极拥护者,也在朝着积极用户的方向努力。但金融科技的开拓者,非民营的力量莫属。自从金融科技这一概念开始广泛流传,大量的互联网金融平台都已发现了其中的机会,并以最快的速度向其靠近,向金融科技型企业转型。如京东金融、陆金所、凡普金科等,都是在这场变革中成为领军者,这些互联网金融企业为使其发展更快人一步,则专注于大数据处理,走金融科技研发的核心路线。

计算机网络可以称得上是人类最伟大的发明之一。可以说当今社会的各行各业都已经和互联网有着千丝万缕的密切关系,现代生产生活都离不开它,它也逐渐改变着人们的工作和生活方式,可以称为金融科技的重要组成部分。

云计算是在互联网技术基础之上增加的相关服务、使用以及交付模式。通常会使用互联网来提供丰富的、动态的、易扩展的、虚拟化的资源。云计算能够促进信息技术的进一步发展,能够促使数据资源被更充分地利用。云计算的出现是信息技术发展的必然产物,有利于资源和技术的共享,同时降低了进入金融行业的门槛,提升了金融业务的创新能力。

大数据技术的特点为大量、高速、多样及高价值。大数据出现的重要意义不仅在于掌握了庞大的数据信息,更在于对这些包含着重要信息的数据进行专业化的处理。使用大数据的企业常利用大数据对不同来源、不同格式的数据进行采集、存储、分析等,从数据中挖掘新的信息为用户提供更优的服务。

大数据技术与人工智能技术相结合,为金融服务行业开启了新的模式,为现代生活做出了巨大贡献,特别是在客户认证、金融预测、风险防范、融资授信决策、辅助量化交易、智能投顾、智能客服等领域发挥着强有力的作用。

区块链技术从根本上说是一种分布式的公共记账本,该账本的记录、维护及核查工作由所有参与者共同完成。区块链的特征主要包括可以进行点对点的价值交换、交易透明、不可随意更改、安全可靠等。区块链技术目前已在众多领域中进行了探索应用,如数字货币、证券清算、跨境支付及贸易融资等。区块链技术将可能构建一种全新的金融行业的基础设施，使现有的生态金融发生彻底的改变。该时代金融信息的安全问题将由网络空间安全提供技术保障来解决。

就金融行业的创新而言，新兴技术，互联网、云计算、大数据、人工智能、区块链、网络空间安全等，为其提供了充足的动力，促进了金融行业的变革，同时为金融科技的发展起到了强有力的推动作用。

金融科技的初创企业、传统的金融机构、风险投资机构、风险监管机构等在金融科技的飞速发展中充当着至关重要的角色。这些企业在很大程度上促进了金融业的繁荣和发展，主要体现在其推动了资产与财富管理、移动支付、保险、借贷与融资等各个金融领域的创新和变革。以移动支付为典型例子来说，不用携带现金，仅依靠手机中的第三方支付就能够完成日常开销的支付，就连路边卖菜的小贩也在使用二维码收款。银行在转账汇款的客户面前已经失去了吸引力。未来，当区块链也成熟地应用在支付领域时，点对点进行直接支付将成为可能。彼时，银行将彻底失去了自身的魅力，在支付中的地位可谓是江河日下。

这里引入一个例子。华尔街日报一篇"*The Uberization of Banking*"的文章，专门报道了一家金融科技的公司（SoFi公司）。这家公司是做贷款起家的，第一笔业务的服务对象为斯坦福大学的MBA学生，并由此开始逐渐发展到个人贷款、抵押贷款以及财富管理等众多业务以及更加广泛的领域。这家金融科技公司所采用的商业模式的亮点在于，其在传统企业的运营模式下另辟蹊径，使用了不一样的信息评估的方法，并且不吸纳存款，而是通过将自己的股权释放给了各类投资基金或者向对冲基金放款，将已经发放的贷款进行资产证券化进行再融资。这种股权融资银行不存在期限错配风险，不会发生挤兑，也不受现有银行监管约束。

在金融科技的生态系统中，监督机构起到了至关重要的作用。伴随着金融技术的发展，一些风险也随之而至，同时也对金融的监管机构提出了新的要求。例如，银行以及一些其他被严格监管的金融机构和一些受到监管新兴市场的参与者，如较成熟的科技类公司或者金融科技类的初创型公司进行竞争。显然这样的方式会对金融机构不是很公平。在这种情况下，市场需要新的监管方法。总而言之，金融科技的发展得到了许多国家和组织的支持或更宽容的态度，以鼓励和支持金融科技的发展。就拿英国首次提出并由其他国家跟进的"监管沙盒"实验性地创造了一个"安全的区域"，以适当放松实验中涉及的创新产品和服务来说，监管限制就在一定程度上达到刺激创新的效果。

面对金融科技且伴随着许多新入侵者的大浪潮，金融机构必须制定并执行应对的策略。从目前的情况来看，一些金融机构已经开始采取行动，但大多数机构仍尚未做好足够的准备。埃森哲的一项调查表明，28%的企业制定了全面的金融科技的发展战略，这就意味着高达72%的企业关于科技金融尚未做好充足的准备。金融机构在推进金融科技发展的过程中，将会面临一项又一项的挑战，主要涉及以下三个方面：一是金融机构中，现有的技术与体制在金融机构的变革之路上有较大的阻力；二是市场的需求不能被一些新兴的技术和新开发的应用所满足；三是在金融机构改革之路上金融科技相关技术的人才和企业文化严重匮乏。

我国在金融科技领域的发展一直在全球范围内处于领先的水平，并且国内的一些互联网金融企业在全球的金融科技类企业的排行榜中也名列前茅。全球范围内，金融科技促使银行业发生转折性变化的，被一致认为是花旗银行，而这一临界点则被中国打破。近些年来，我国在金融科技方面的发展虽然还存在一些问题，但所取得的成就已经是硕果累累。一些互联网行业的巨头如百度、阿里、腾讯，以及一些金融科技类的初创型企业、传统金融企业等，都相继提出了一些互联网金融的发展战略，如中国工商银行的e-ICBC战略等。这些企业将推动网上银行、手机银行、网上商城、直销银行，以及云计算、大数据、人工智能和区块链等技术的发展以及应用的创新。传统金融机构至少应该从以下三个方面采取更强有力的行动以应对金融技术的快速发展。

第一，加强金融科技重点领域内的研发工作要以围绕自身特点为抓手。我国具有众多的金融企业，各个企业的研发及创新能力又各不相同，且大部分企业的研发重点放在了解决当前业务问题上，对未来的创新发展的研究投入较少。在当今社会新发展形势下，金融企业应当合理地拿出一定的研发资金及研发力量，跻身于紧跟金融科技发展的浪潮，在学习先进技术方面和创新方面下功夫，重点在某些领域开展研究及创新，结合金融企业的品牌优势增加竞争力。一些国有银行已开展了相关研究，如中国工商银行将重点研究的领域定在了大数据、人工智能以及区块链等上，进行超前研究。USB在伦敦的金融高科技孵化基地中专门设置了一个办公室，用来研究E-区块链（Eblockchain）的创新应用。中国银行则成立了金融科技办公室，主要从事与金融科技相关的创新研究。2015年11月,花旗银行成立了"花旗金融科技部门",这个部门的成员大多来自亚马逊、贝宝等公司,且还与一些金融科技类公司进行合作,一起对创新型产品进行研究,其研究重点为利用APP进行声音、人脸识别,进而取代密码识别。

第二,秉承着开放及共赢的理念,加强与金融科技类机构的合作则是又一方面。金融行业及金融企业需要对新兴网络文化有一定研究,在加强本企业人才培养的同时,加强技术储备,坚持业务创新。一方面要勇于尝试把自有的数字化的资源实现共享,另一方面则要加强与一些具备先进技术的金融科技类公司的合作。例如,在开放共赢中,德国的Fidor Bank研究并开发了一款中间件,具有开放性的应用接口,能够为合作方提供相应的技术支持,如为客户提供更加丰富、更加便捷、更加个性化的服务。高盛、摩根大通等金融机构不仅使用了一些开源的软件,同时还向开源社区贡献了本机构研发的开源项目。再如,在与金融科技类公司相互合作方面,瑞士信贷、UBS、巴克莱、花旗等众多的银行都已经宣布了与纽约的一家应用区块链技术的初创公司R3 CEV展开合作,它们将共同投资并开发企业级的区块链技术标准,以使这一技术能够更好地为金融行业提供更多的、更好的区块链解决方案,从而助力金融行业的发展。

第三,加大金融科技类的投资力度,融入金融科技的大浪潮。金融科技类初创型公司融资的主要途径一直以来都是风险投资。而近年来,国际上一些知名金融机构,如高盛、花旗、桑坦德、摩根士丹利、美国银行、三菱日联金融集团等在投资并购金融科技公司方面表现得相当活跃。在我国,金融机构投资科技公司,一方面可以促进科技金融服务模式的完善,推动科技创新创业企业的发展;另一方面可以获得金融科技相关人才,实现技术的巩固,能够较快推进自身金融科技发展。中国人民银行、银监会、科技部联合发布《关于支持银行业机构加大创新力度开展科创企业投贷联动试点的指导意见》,为我国银行业参与金融科技投资提供了难得的新机遇。

最后,增加金融科技行业的投资势在必行,同时融入更多金融科技的浪潮也是大势所趋。金融科技类的初创型公司,其融资的主要途径一直都是风险投资。而近些年来,在国际知名的金融机构中,如高盛、美国银行、花旗、摩根士丹利、桑坦德、三菱日联金融集团等一直活跃在金融科技公司的投资及并购上。

从长远的发展角度来看,信息化、智能化的用户需求层出不穷,其享受以及追求的生活方式亦变化多样，这就给传统金融企业提出了"调整自身的经营管理模式、思考自身在整个金融新生态中的地位、制定对应的战略转型策略、做好相关转型准备、迎接金融科技所带来的全新挑战"的新要求。

1.3 金融科技的覆盖领域

根据金融科技类应用所能够覆盖到的领域及范围，巴塞尔银行的监管委员会将其划分成四个主要的应用领域，包括存贷款与融资服务、支付与清结算服务、投资管理服务和市场基础设施服务。其中，存贷款与融资服务主要涵盖了网络贷款、征信以及众筹等方面；支付与清结算则主要涵盖了移动支付和P2P汇款等功能；投资管理服务主要应用在智能投顾等。

目前，生态体系在金融科技中的发展也趋于成熟。从参与主体的角度来看，生态体系中除了包括利用技术等方式为金融行业提供一些创新型金融服务的金融科技公司外，还有一些为金融行业提供合规的技术方案的监管类公司以及传统金融企业，除此之外还有为金融行业提供技术支持的公司，同时还包括一些金融投资公司、商业模式孵化器、金融监管机构、科技监管机构以及金融科技的监管机构等。自2016年来，国内外著名金融机构如高盛、大摩、招商银行，还有一些计算机软硬件提供商如谷歌、苹果、百度等企业为金融科技的发展投入了大量资金，使金融科技行业能够快速发展，其金融科技行业的各分支也不断丰富起来。

以美国为例，其大部分金融科技公司都是初创型公司，主要涉及的产品包括移动支付、财富管理和网络贷款等。在中国，当金融科技这一定义出现之前，已经有了多年互联网金融的发展阶段，典型产业包括第三方支付和P2P网络贷款。

有三种企业可以称为金融科技行业的领军"人物"，一是科技类公司，将科技应用到金融业务中，或者加入金融行业中，成为金融科技行业的重要参与者。例如，Google/Alphabet、Amazon、Facebook和Apple等新兴技术企业，又如Microsoft、IBM和Intel等一些传统的计算机企业。在中国则有"BATJ"（百度、阿里、腾讯、京东）等大型企业。

二是持牌的金融机构，它们利用创新的科学技术为用户提供更加便捷、更加适宜的金融类服务。自2017年以来，众多的金融机构也加快了自身在金融科技内的步伐。据统计数据显示，国内四大国有银行已纷纷与百度、阿里、腾讯、京东等互联网企业达成了战略合作协议。此外，众多的金融科技类产品如蚂蚁金服、财付通、微众银行、招商银行、平安银行、众安保险等也已相继被推出。

三是除了上述两种公司之外的部分互联网金融企业、金融科技企业和网络贷款企业等，其多多少少都有涉及金融科技类业务。

这些金融科技领军企业在金融业务发展场景上的应用主要包括金融产品差异化定价、智能营销和客服、智能研究和投资、高效支付清算等方面。

由于新兴技术的发展，支付手段也在发生翻天覆地的变化，传统支付业务逐渐被新型支付方式所代替，如扫码支付、NFC支付、生物识别支付等众多支付手段。新的支付手段为用户带来了更加便捷、快速的体验，也使交易过程变得更加安全。

区块链技术其本质为去中心化，是一种采用分布式结构的数据存储、数据传输和证明的方法。区块链技术近来受到了社会各界的极大关注，虽然其应用目前仍旧处于探索阶段，但是能对传统金融行业带来颠覆性的影响，并且部分金融产业已将其应用其中，如一些银行使用区块链技术进行贸易结算，应用数字加密技术来替代传统的提单，提升了结算的效率和数据的安全性。

多样化的融资方式：传统的融资方式资金渠道单一，融资成本高昂，使得很多小企业及其他长尾客户融资十分困难，随着电子商务、支付技术和大数据技术的发展，传统融资方式逐渐改变。网络借贷，尤其是众筹和P2P发展非常迅猛。虽然大部分都是小额，但是服务对象涵盖范围很广，涉及一些长尾客户，表现出一定的普惠金融的特征。另外，电商通过应用大数据技术等使得消费金融获得了较大幅度的增长，而电商平台利用为金融用户提供分期付款等方式弥补了传统金融业务中的不足。

智能金融理财服务：随着大数据、云计算和人工智能技术的发展，这些技术纷纷被应用到金融领域，为客户提供投资顾问、咨询等服务。智能投顾比传统的投资顾问更加理性、灵敏、精确和高效，成本也更加低廉，它的发展在海外得到了用户的青睐，国内的企业也纷纷试水，行业的发展十分迅速，前景光明。目前智能金融类的理财服务进行了大量的创新，如在投资决策中应用人工智能算法，将大数据技术应用在信息采集、信息处理中，在确定投资的目标以及风险控制的过程中应用人机交互技术，将云计算技术应用于运用管理和风险管理。

大数据风控与大数据征信：大数据风控即大数据风险控制，是指通过利用大数据技术构建模型的方式对借款人进行风险控制与风险提示。传统的风控技术，多是由各机构的风控团队，以人工的方式进行经验的控制。但是随着互联网技术的不断发展、社会的不断进步，传统常用的风控方式已逐渐支撑不起机构中大量增加的业务；而大数据技术能够对大量的、多维度的数据进行智能处理，通过批量的标准执行流程，更能贴合信息时代风控业务的发展目的。大数据征信主要来源于企业庞大的消费者数据，比传统征信行业更广泛、更多样化，可以从多个维度建立起个人的信用画像，能够更加全面地反映个人信用状况。

伴随Fintech的持续发展，信息科技将深度改造金融业，在人们的生活中产品只有依靠真正的技术创新才能够使企业公司经受住时间和真理的检验。金融科技行业的技术更新迭代很快，对于人类社会生活产生较大影响的技术，都可以用到金融科技中。截至目前，大数据、区块链、人工智能、移动互联网、生物识别以及云计算等技术发展得比较迅速，这些技术的发展应用将为金融行业的改变带来新的方向，也许会全面颠覆传统的金融服务的技术和商业流程，并可以促使金融机构选择新的目标。

1.3.1 人工智能技术

人工智能可以对人的意识还有思维的信息过程进行模拟。人工智能虽然不是人的智能，但能够像人那样思索，甚至也可能超过人类的智能。人工智能一般分为三类，分别为计算智能、感知智能和认知智能。从人工智能在金融领域的发展和应用趋势可以看出，计算智能通过与大数据技术的结合使用，已经覆盖了许多金融场景，如营销、风控、支付、投顾、客服等。

金融行业的特点为：涉及面非常广，信息化程度较高，数据量大，交易频繁，安全要求级别很高，监管的要求非常严格等。而在金融业务中，若存在大量人工环节，则容易导致操作错误和风险，不仅造成较高的成本，工作效率也较低。因此，人工智能技术在金融行业中的应用很早就开始了，且目前为止已在智能客服、智能运维、智能理赔、智能投顾服务、远程的身份认证、反欺诈与智能风控、网点机器人服务等方面应用广泛，不仅加快了新产品研发的周期，而且还为系统的建设以及运维减少了成本，为系统升级迭代提供了支持。

人工智能能够为金融领域带来非常便利的"智能自动化",如借款及贷款,一些传统的模式如信审、电核等已经渐渐被淘汰,而对于大数据技术和人工智能技术等新兴的智能风控技术,可以在非常短的时间内,甚至以秒计时内形成对精准客户以及潜在客户的风险评估和授信决策。对比之下,企业当然不会选择需要大量时间成本和人力成本的传统模式,越来越多的金融人士开始投向人工智能技术。

例如,人工智能技术能够为智能营销和客服提供技术支持。在传统金融业务中,金融行业的客户在咨询过程中会产生大量的重复性的问题,并且常常都是某个特定领域中的问题。若都使用人工客服来解决,将会占用很多的人力资源,造成较高的成本,若使用智能客服如智能机器人,以对话形式挖掘客户的需求,为客户解答问题、介绍产品等,在解决客服问题的同时还能产生销售转化。当智能客服能够准确回答客户提问时,它能够根据标准答案直接作答,当智能客服不被允许直接回答问题时,可以为人工客服提供辅助服务,能够通过算法把也许正确的选项提供给人工客服方。人工客服需要做的是对选项进行快速判断,选取合适的选项并发送给顾客。智能客服的出现,在降低成本的同时,也为客服效率的提高和问题解决率的提高带来了可能。

此外,人工智能技术还大量应用在智能投顾、量化投资方向上。智能投顾又称为量化投资或机器人理财。它的主要功能为利用积累的大量数据和不断改进优化的算法模型,根据用户个人对风险承受能力、喜好和收益目标等,提供一些智能算法、投资组合等多种算法模型,为用户投资者提供一定参考作用,并且还针对市场的动态情况对资产配置再平衡提供建议方案。

随着金融类市场的不断发展进步,金融产品层次、种类、交易工具和交易策略越来越多,越来越复杂。一般投资者需要不断学习,否则将跟不上市场的发展。为了降低投资难度,减轻投资者的学习压力,专业的、智能的投资顾问、投资服务需求量日益增加。传统的投资服务具有很大的限制,如起步资金限制、高额的服务费用、服务流程烦琐、咨询受时间限制、顾问水平参差不齐等。而智能投顾在这些问题上有较大优势,如费率低、随时在线、智能顾问等,将更加适用于广大的普通个人投资用户。

量化投资中可以使用人工智能中的自主学习算法搜集资产的价格等相关的信息,使用自然语言处理的算法技术能够在社交网络、政策新闻等文本信息中挖掘其内在的联系,通过构建知识图谱等方式对行业制度、投资关系等内容进行建模,并使用计算机求解,以得到更好的、更有用的、结构化的信息。

智能机器应用在量化投资方面能够从多个方面衍化为因子库，如技术、基本面、交易和终端行为、第三方信息及互联网大数据信息等。从因子库中提取相关的数据作为训练样本，并通过设计机器学习的算法对训练样本进行建模。与人类的智力相比较，人工智能在量化选股方面更倾向于从大量的数据中，从技术、投资者的情绪行为等方面挑选，因此对信息处理技术需求较高。

1.3.2 大数据技术

大数据是许多新兴技术有效的基石及其源泉。伴随着大数据技术在金融类行业的不断应用和进步，它将更多的、更新的创新力带给了传统的金融机构。使用这些新兴的大数据技术，通过收集各个渠道的用户信息进行整理、分析以及应用，能够进行风险管理。同时，利用大数据技术，通过获取准确的营销数据和客户信息，利用强大的数据模型，能够为用户提供一定的金融信贷，并协助用户进行各种业务的决策。

例如，使用大数据技术实现差异化优质设计。保险公司根据获得的数据推出任何产品，在精算的定价之后，合理使用大数据技术有利于更加准确地判定保险费率。传统的定价方法是通过对于样本统计的历史数据来预测目标的丢失概率，但是保险目标的风险状况是不断改变的，历史数据是不能准确地反映当前的状况，样本的数据无法准确地反映保险目标的风险特征。保险公司可以通过使用大数据从更多维度获取全部数据，以便于更准确地评估风险。

例如，汽车保险行业目前的定价主要是考虑汽车价格和年份等因素，并根据被保险人过去的保险情况进行浮动。保险公司可以应用大数据分析技术，根据被保险人的车辆使用频率、驾驶路线、驾驶习惯等准确地计算损失概率，实现差异化的定价；减少低风险质量客户的利用率，高风险客户提高利率并且吸引更多的优质客户。

1.3.3 安全技术

安全技术等领域的一些领先公司也逐渐将它们的产品与金融行业中的产

品进行了整合，其中的典型应用就是将生物识别技术应用到身份认证产品中，包括最基本的指纹识别、人脸识别、虹膜识别、掌纹识别、语音识别，以及基因识别、静脉识别、步态识别等都属于生物识别领域。将生物识别技术放到金融相关领域进行应用具有一定的辅助作用。这些生物识别技术在金融支付领域之中的应用已经从早期的身份验证方面的应用逐渐转向了金融支付的实用阶段。

利用监管的相关技术，一方面使金融监管机构能更加准确、快捷和高效地完成合规性的审核，减少人力的支出，对于金融市场的变化能实现实时把控，同时完成监管政策与风险防范进行动态的匹配调整；另一方面，使金融从业机构能与监管政策实现无缝对接，及时完成自测与经营行为的核查，对风险的实现主动识别与控制，有效地降低合规成本，增强合规能力。可以预见，未来1~3年监管科技将依托于监管机构的管理需求和从业结构的合规需求，进入快速发展阶段，成为金融科技应用的爆发点。

1.3.4　移动互联网技术

移动支付技术是当前移动网络技术领域与金融领域的交叉创新及应用。该技术推动了电子商务以及零售业的发展，满足了不同消费者的多种不同支付需求。而二维码支付、电子银行等技术均反映了金融服务中移动互联网技术的广泛应用。

例如，亚马逊于2017年推出的Amazon Go将个人生物识别技术与云计算技术相结合，无须在中间识别个人身份、账户和信用等级，从而消除了支付运营商并直接完成付款。

1.3.5　区块链技术

区块链技术近年来一直受到广泛关注，其技术的公开性、不可篡改性和去中心化的技术属性，使区块链技术在金融等各个领域中拥有着先天的优势。区块链技术根据不同的共识机制和治理方法分为公共链和联盟链。其中，权限控制、业务的合规性、监管是否友好以及性能提升与安全性是联盟链技术更加重视和关注的。因此，国内的金融机构通常使用联盟链技术。

从金融业的应用路径来看，预计存证、对账清算、结算将会是三大类逐渐落地的通用场景。存证方面,机构间可构建对等互信的联盟链网络,并采用共享账本记录核心数据,避免数据被篡改、被伪造或产生一致性差异,还能实现全业务流程的可追溯可审计。例如,在金融仲裁场景中,采用联盟链技术可缩短仲裁流程,降低司法成本,还避免了摩擦成本与纠纷,有效解决过去金融业务取证难、仲裁难等痛点。对账清算方面,机构间可基于联盟链账本、通过智能合约功能实时自动生成对账文件。一方面,可提升对账的时效性,将对账时间缩短至 T+0 日准实时对账;另一方面,机构与机构之间无需两两对账,就可以降低运营成本,提升效率,同时提高合作透明度。此外,从长期来看,在央行法定数字货币正式上线运行后,各类基于区块链的业务都有望实现支付即结算功能,大大提升结算效率并降低运营成本。

以银行为例,区块链将放弃中介银行的角色,实现点对点的快速和低成本的跨境支付。区块链的安全性、透明度和低风险特征提高了跨境汇款的安全性并加快了结算速度。清算速度提高了资金的使用率,同时,银行和银行不能再使用第三方应用区块链技术实现点对点支付,无需第三方中间环节,全天候付款,实时到账、轻松取现在满足付款的同时降低跨境风险清算服务的及时性和便利性需求。

1.3.6 云计算技术

云计算技术为软件的开发、部署等带来了模式的创新,它是承载各种应用的关键基础设施,同时也是金融技术创新产品的最佳交付工具。云计算技术及其分布式架构的核心思想是在低成本、标准化的开放硬件和开源软件的基础上,通过分布式的处理架构来对系统处理的能力实现无限扩展;应用数据复制技术,多份拷贝技术以及读写分离等技术来弥补基础软、硬件的不足,来满足系统高性能、高可用性和灾难恢复备份的要求;利用分布式中间件或者分布式数据库,来实现在线事务处理等事务管理要求。

云计算技术已经进入了发展的成熟期,金融云技术的相关应用也正在向更加核心和关键的"深水区"迈进。由中国信息通信研究院的调查报告显示,超过一半的金融机构使用 OpenStack 等开源的云计算技术。而传统的计算网络和云存储方案已经同质化,客户需要的是上层 PaaS 以及 SaaS 层能力,甚至是业务和商业上解决方案的能力。因此,拥有互联网金融行业的实际业务经验、有生态合作伙伴的厂商更容易得到客户的青睐。

通过大数据技术、云计算和人工智能等技术，金融机构与金融技术类公司之间的障碍将被打破。未来金融行业发展的主流将以合作、分享以及联合经营为主。

1.4　金融科技的特征

在新时代，金融科技已经迎来了新的机遇和挑战。最直接的是区块链技术、大数据技术、人工智能技术等先进技术与金融服务业产生的深度融合，以及在促进金融创新和防范金融风险方面发挥着良好的作用。一方面主要反映在服务效率的提升以及客户体验度的提高上；另一方面，主要表现在新的财务格式和商业模式上。在这个新时代，无论是传统类型的金融服务机构还是新兴的互联网金融类公司，能够迅速适应并接受这一趋势的，都可以加速业务的转型和发展，否则终将被时代所淘汰。

从全球的角度来看，可以认为金融科技起源于20世纪70年代。经过这些年的发展，它历经了"模型初始化、整合与差异化、创新与突破"三个阶段。当前的金融科技产业处于"百花齐放"状态。

到目前为止，国际上金融科技行业的发展主要呈现了以下三大特征：

（1）中国和美国作为全球范围内金融科技发展的"领头羊"是国际金融科技发展的重要特征之一。花旗在2017年1月发表的一份研究报告中表明，2016年中美两国金融科技风险投资方面占据的规模在全球占比达87%。对比中美金融科技风投状况可知，信贷和保险分别成为中美最受风投青睐的细分领域。与此同时，中国是2016年唯一一个金融科技投资出现正增长的主体，并超越美国成为全球金融科技投资规模最大的国家。2017年3月，英国《经济学人》杂志发文指出，从体量规模上看，中国已成为全球金融科技领域的绝对领导者。在网络信贷领域，中国国内的市场占据了全球市场规模的75%。全球范围内，按创新能力排名，前五名的金融科技公司中，中国占据四位，其中蚂蚁金服作为中国最大的金融科技类公司，市值规模已经达到了600亿美元。由此可见，中美领衔全球金融科技发展的同时，中国正表现出更加强劲的发展态势。

（2）金融巨头与互联网巨头引领金融科技发展是国际金融科技发展的重要特征之二。当前，金融巨头与互联网巨头已成为推动金融科技发展的主要力量，并且均已形成相对稳定的金融科技发展圈。以美国和中国为例，美国的金融科技最早起源于硅谷，但随着发展进程的加快，华尔街的金融巨头后来居上，通过收购、控股金融科技公司、自主研发金融科学技术等方式，成为引领美国金融科技发展的主导力量。相比而言，中国的金融科技发展则最早由 BATJ 等互联网巨头引领，其主要通过"技术创新 + 金融牌照获取"的方式，并迅速地扩大金融科技的应用范围。事实上，美中金融科技发展主导力的差异，也正是发达国家与发展中国家金融发展及普惠程度、金融服务需求及供给水平的真实写照。

（3）各国着力加快金融监管科技研究实践步伐是国际金融科技发展的重要特征之三。为应对金融科技的迅猛发展，各国都已将金融监管科技（Regtech）纳入未来金融监管创新规划。为加强英国在金融科技领域的世界领先地位，英国金融行为监管局（FCA）最早设立创新项目（Project innovate）和创新中心（Innovation Hub），并于 2015 年设立监管"沙盒"制度，以实验方式创造"安全区域"（safe place），对实验区的产品和服务适当放松监管以激发创新活力。为推进金融科技发展，新加坡金管局（MAS）于 2015 年设立金融科技创新团队（FSTI），并在此基础上于 2016 年提出监管"沙盒"制度，以最大化降低金融创新风险的同时最大化减少金融创新阻力。澳大利亚证券和投资委员会（ASIC）于 2016 年设立监管"沙盒"制度，允许符合条件的金融科技公司在向 ASIC 备案后，不再需要持有金融服务或者信贷许可证，就可以对特定业务进行测试。由此可见，监管科技与金融科技正在加速形成齐头并进的局面。

在国际金融科技大发展的趋势下，国内金融科技的发展也已经呈现出了三大特征：

（1）金融科技的相关业务范畴以及服务对象不断拓展是国内金融科技发展的重要特征之一。众所周知，中国的金融科技与互联网金融联系紧密，前者是在后者基础上的发展与升级。与互联网金融相对比，金融科技除了在技术手段的更新，即以大数据技术、云计算技术、人工智能技术、区块链技术、物联网技术等的创新来替代传统互联网技术外，其还在业务范畴及服务人群上实现了突破。一方面，在业务范畴上，借贷与支付是互联网金融较为成熟的两大模式。相比而言，金融科技的业务范畴不再局限于借贷与支付领域，还向征信、投资、理财、保险、货币发行等金融业务拓展。另一方面，在服务人群上，长尾人群是互联网金融服务的主要对象。相比而言，除了长尾人群外，金融科技还向中产阶层及高端人群提供智能投顾、智能投保、智能理财等服务。由此可见，金融科技的业务范畴更广、服务人群更多，这有利于金融从业机构基于金融科技实现全面转型升级。

（2）国内金融科技快速发展的第二个重要特征主要是传统的金融机构与互联网机构之间合作的加强。国内的金融科技发展到现在，主要有三种不同的模式：第一种模式为互联网巨头获得金融牌照后，基于互联网生态圈进行科技金融的发展；第二种模式为构建金融机构的互联网平台，实现自身金融科技布局；第三种模式是互联网巨头与金融机构合作，共同应用金融科技。当前，第三种模式已成为主流。2017年3月28日，建设银行与阿里巴巴、蚂蚁金服签署三方战略合作协议。2017年6月16日，工商银行与京东集团宣布开展全面合作。2017年6月20日，农业银行与百度建立战略合作关系。2017年6月22日，中国银行与腾讯宣布组建金融科技联合实验室。2017年8月22日，交通银行与苏宁集团达成战略合作，将共同设立"交行—苏宁智慧金融研究院"。

与此同时，股份制银行也纷纷加入合作潮流。以民生银行为例，在2017年7月初，其相继与中国联通、小米科技、搜狐集团签署战略协议，开启全行业合作。除了商业银行外，其他非银金融机构也围绕金融科技细分领域加快对外合作步伐。例如，2017年6月13日，华夏基金与微软亚洲研究院举办战略合作发布会，共同推进"人工智能+金融"的研究实践。事实上，传统金融机构与互联网机构之所以"由竞转合"，主要是由自身优势及发展合规性所决定的。

（3）金融科技已得到监管机构及自律组织重视是国内金融科技发展的重要特征之三。与互联网金融发展经历的"先放后管"不同，金融科技在发展初期即受到监管层密切关注。2017年5月15日，央行网站公布中国人民银行金融科技委员会成立消息，该委员会由央行主管互联网金融的副行长负责，旨在加强金融科技工作的研究规划和统筹协调。2017年5月19日，中国互联网金融协会在北京召开金融科技发展与研究工作组成立仪式，该工作组致力于为金融科技发展规划、行业管理、标准研发等提供政策建议和研究参考。2017年5月25日，中国支付清算协会金融科技专业委员会在北京成立，该专委会是经中国人民银行批准同意，由从事金融科技业务的企事业单位、研究机构及专业人士自愿组成的研究和自律性组织。可以预计，未来包括一行三会、通信管理局、科技部等与金融科技相关的监管部门及行业协会，将进一步成立相关组织并制定有关政策，以规范金融科技发展。

1.5　金融科技发展的趋势

随着各种新兴的信息技术在金融类的各个行业中广泛乃至深入的应用，科技的应用对金融行业的作用越来越重要，云计算、大数据、人工智能以及区块链等技术的应用导致越来越多的金融创新解决方案出现，使金融科技的发展迈入了新的时期。

其中，可以利用云计算技术为金融企业等构建信息化平台，将多个相互独立的信息系统进行有效的整合，从而消除"信息孤岛"。这些先进的信息化平台能够在监管合规、数据隔离以及信息安全、中立性等要求的前提下，为金融类行业中出现突发业务时、快速部署业务上线时以及业务的创新性改革等众多方面提供大量的技术支持。

大数据除为企业带来不同种类、不同格式、不同领域的大量数据之外，还为金融业带来了相应的技术支持。例如，使用大数据分析技术能够从大量的数据中提取有用信息、能够准确地进行预测和评估，并为产品和服务的创新提供技术动力，同时为经营效率的提高提供新的手段。

人工智能主要应用于智能客服、智能投顾等方面，能够充分取代人工的一些重复性较高的工作，从而为企业提升工作效率，提升客户满意度。

区块链技术在节约金融机构间的清算成本方面具有较好的应用，能够提升交易处理的效率，增强数据的安全性。

云计算应用进入"深水区"，将更加关注安全稳定与风险防控。

云计算技术的发展已经迎来了它的成熟期，金融云的各种相关应用也已经向更为核心和重要的"深水区"跃进。根据中国信息通信研究院的最新调研，已经有50%以上的金融机构开始使用OpenStack等开源云计算技术。

而金融行业的业务特性决定了其对于云计算应用的稳定性、安全性和业务连续性有更加严格的要求，金融企业在未来云计算的应用过程中，将更加需要建立完善的灾难备份和灾难恢复体系。同时，专门针对云计算技术应用风险管理的"云保险"业务也正处于快速发展阶段，金融行业将是重要的需求方。

大数据应用走向跨界融合，标准与规范是未来发展关键。

金融行业数据资源丰富，而且业务发展对数据依赖程度高。大数据技术在金融等领域的应用有着起步早、发展快的特点，目前已经成为金融行业的最基础能力。目前，金融行业已经在大量应用大数据技术，并且都已经取得比较不错的成效。

从当前的发展趋势来看，一方面，通过不断强化金融行业中的大数据与其他领域的数据协同应用，金融机构将可以通过数据融合，促使金融机构的营销和风控等服务更加精准。同时，跨行业的数据融合与应用，同样会使得金融行业设计出更多基于场景的金融产品，与其他行业进行更为深入的融合。另一方面，满足和适应金融行业性质的大数据技术规范和应用标准，将逐渐发展成为金融行业大数据应用拓展的关键点。建立与完善金融大数据的技术标准和应用规范，是推动金融大数据进一步发展应用的重要保障。

在产业不断创新发展、智能融合、技术推动的新形势下，数据、场景、流量是金融科技未来发展的基石，在这一基础上延伸出的智能解决方案、智能风控、反欺诈、智能营销、智能催收、智能投顾等业务百花齐放。虽然过程坎坷起伏，但终点明确又清晰。未来，金融科技将成为金融产业下一阶段竞争的核心生产力。

然而在国内外经济的变局之下，金融科技如何避免单兵突进，如何在创新与监管之间求得平衡发展之道，如何在金融脱虚向实中发挥关键的联通作用，如何在核心关键技术研发、制造业升级和智慧城市建设中发挥加速器的作用，也是业界和监管部门面临的共同挑战。

在中国经济转型和在全球产业链价值链攀升的过程中，科技创新正发挥越来越关键的作用。其中金融科技发展势头迅猛，通过大数据、云计算、人工智能、区块链等新兴技术的应用，创造新业态、新模式、新流程、新产品，为提升金融部门和实体经济效率，实现金融普惠化、智能化，发挥巨大的作用。

从计算到感知的进步，人工智能应运而生。

人工智能有三个层次：感知智能、计算智能和认知智能。在感知智能层面，以人脸识别和语音识别为代表的生物智能技术已经在金融领域广泛应用，未来可以预见，其在金融领域的应用场景也将呈现快速增长态势。在计算智能层面，结合大数据的时代背景，人工智能在金融领域的很多场景中都得到广泛应用。认知智能是当前人工智能技术领域最为前沿和火热的领域，引领了本轮人工智能技术的发展潮流；从应用领域来看，智能风控、智能投顾和智能投研等应用场景，是人工智能在金融行业应用最具潜力的领域，也是技术要求最高、应用难度最大的领域，在未来必将成为人工智能应用的核心方向。

区块链从一个概念开始步入应用，目前依旧有许多方面的限制，但毋庸置疑，其前景十分广阔。

区块链技术近年来一直受到广泛的关注，它有改变金融服务模式的雄厚实力，因为它的去中心化、无法随意篡改、技术公开这些属性，使其在金融领域的应用具有先天的优势。

目前，区块链技术处于金融领域的应用正在慢慢实现。多家金融机构已经逐步开始采用区块链技术，实现在跨境支付、智能合约和征信管理等多个业务领域的应用。但是，不管从国家政策法规还是区块链自身技术方面考虑，仍然有许多十分突出的问题制约着区块链技术的应用和应用。

同时，目前规范金融市场和金融业务的法律框架是依据现在金融市场的结构而设计的，区块链技术一部分组成要素的法律基础依旧是空白的。可以看出，在未来的一段时间内区块链在金融领域的应用仍是以探索为主，大规模广泛应用的实现仍然需要较长的时间周期。

监管科技正得到更多关注，将成为金融科技新应用爆发点。

国家近年来对金融行业中的风险防控和安全监管都表现出了非常高的重视程度，"健全金融监管体系，守住不发生系统性金融风险的底线"，这是党的十九大报告关于这一问题的态度。随着金融科技行业的快速发展及其迅速的推广应用，使得产业中的生态环境已经发生了较为深刻的变革，金融服务模式的创新也大量涌现，其中以互联网金融为代表。金融科技中的技术创新使得原有的事后的、手动的和基于传统的结构性数据监管模式已经不能满足要求，相应的有效防范金融风险和降低合规成本的监管科技（Regtech）也是金融科技中极其重要的一部分。

如果可以有效利用监管科技，一方面金融监管机构将可以在减少人力支出的条件下更加方便、快捷并且准确、高效地对合规性相关内容进行审核，对金融市场发生的实时变化进行有效的监控，并对金融风险防范的监管相关策略做出及时、准确的调整。另一方面，能够对相关的金融从业机构监管政策实现无缝，从而对经营行为完成迅速的自测和核查，并完成风险的主动识别和自由控制，这将大幅提高合规能力。在未来的1~3年中，监管科技在依托监管机构的管理需求和从业机构的合规性需要的基础上，将会带来一段较快速度的发展，并由此逐渐发展成为金融科技等相关应用的爆发点。

行业应用需求的不断扩展，对金融科技持续创新和进步有反向驱动作用。

技术满足需求的同时，将在需求的驱动下不断发展创新。金融科技应用在推动金融行业转型发展的同时，金融业务发展变革也在不断衍生出新的技术应用需求，将实现对金融科技创新发展的反向驱动。

这种驱动可以从发展和监管两条主线上得到显著体现：一是发展层面，新技术应用推动金融行业向普惠金融、小微金融和智能金融等方向转型发展，而新金融模式又衍生出在营销、风控和客服等多个领域的一系列新需求，要求新的技术创新来满足。二是监管层面，互联网与金融的结合带来了一系列创新的金融业务模式，但同时互联网金融业务的快速发展也带来了一系列的监管问题，同样对金融监管提出了新的要求，需要监管科技创新来实现和支撑。从未来的发展趋势看，随着金融与科技的结合更加紧密，技术与需求相互驱动作用将更加明显，金融科技的技术创新与应用发展将有望进入更加良性的循环互动阶段。

新技术不断融合，金融科技得到更大程度的发展。

云计算、大数据、人工智能和区块链这些新兴技术不是彼此孤立的，而是相关联系、互相起作用的。大数据作为基础资源、云计算作为基础设施，给人工智能的发展提供了保证，这些都是金融科技发展不断走向智能化时代的原因。区块链不仅为金融业务的基础架构创造了条件，还对金融业务的交易机制变革提供了助力。它的实现离不开数据资源以及计算分析能力的大力支撑。

尽管科技已经深入渗透到了金融服务行业的各个领域，如银行、保险、资管等各细分行业应用及寻求与金融科技公司合作的重点是有所不同的。综合银行、保险、资产及财富管理机构对金融科技的合作需求，它们既需要从金融科技公司的合作中获得技术能力，实现自身技术能力提升，实现自动化和智能化应用，也有和金融科技公司进行直接业务合作的需求，这与金融科技公司的能力较为匹配。

展望未来，这些新兴技术在今后的应用中会不断整合，变得更加紧密，它们之间的技术边界在慢慢削弱，将来的技术创新会越来越多地汇聚在技术交叉以及融合区域。特别是在金融行业具体应用的落地方面，金融云以及金融大数据平台基本上都是集中一体化的建设，人工智能的应用同样会依托集中化平台来部署实现。新一代的信息技术正在彼此发展并相互融合，这就推动金融科技发展步入了新的阶段。

金融科技可以促进我国金融业的发展。

第一，有助于我们把握国际金融科技发展的趋势。目前以上述技术为代表的国际金融科技处于迅猛发展的时期，对金融服务业产生了深远的影响，并且这种影响还将继续。中国作为全球第二大经济体，应不断更新技术促进金融科技的发展。第二，有利于了解金融科技发展中的困难和曲折。区块链和分布式账本技术作为新兴科技的代表一旦投入使用就有可能会对金融业的发展产生重大的影响。但是新型金融科技的发展也存在失败的可能，部分金融科技在发展的过程中可能存在泡沫，在进行长期跟踪后才能进行判断。第三，有利于了解监管对整个金融发展起到的作用。金融科技尽管可以提高金融服务的效率，但金融行业的属性是不会随之改变的。金融科技也会带来很多风险，这些风险是不易察觉的，考虑到由于金融业在整个社会经济发展中的地位是极其特殊的，金融业如果想要推动金融科技的发展，就需要采取和传统金融同等级的监管模式，即利用穿透式监管防范金融风险。在发达国家，如英国中央银行就采取了"沙盒"监管的创新模式，用来应对金融科技创新。如果要紧跟金融科技发展的新潮流，就需要我国监管部门借鉴并学习国外发达国家的先进经验。第四，有利于准确把握由于金融科技的发展和变化给传统金融体系带来的冲击。快速发展的金融科技，虽然金融管理以及金融服务得到了提升，但是传统金融有着不可替代的自身优势。

第五，减少了普惠金融中数字鸿沟的影响。现在看来，金融科技是我国发展普惠金融的重要推手，但是仍然存在很多问题，金融科技的快速发展在低收入人群中的影响并不显著。如此看来，影响这些群体接受现代化金融服务的一大原因就是数字鸿沟。

金融科技的蓬勃发展给传统金融行业带来机遇的同时也带来了挑战。金融科技的出现使经营范围更加广泛，并且能在多平台上运营。促进金融服务进一步完善，为金融行业运营模式的创新注入了技术力量，如移动支付、智能投顾、智能合约、征信管理等金融与科学技术的深度融合已经成为时代发展的必然趋势，传统金融机构必须顺应时代发展的潮流，将科技创新蕴于自身的经营理念之中，并以此为基础，大力推行经营模式创新、服务理念创新以及金融产品创新等。京津冀三地是我国三大增长极之一，推动京津冀协同发展是国家战略，京津冀协同发展与三地的互联网金融发展紧密联系。然而，目前京津冀三地在互联网金融发展中存在传统金融业务不平衡，金融人才、金融资源分布不平衡不协调等问题，后面将从京津冀金融科技发展环境分析、京津冀金融科技细分领域分析、京津冀金融行业技术应用现状分析等部分分析三地金融科技的发展现状及发展预测。

第2章 京津冀金融科技发展环境分析

2.1 京津冀经济环境分析

在我国经济发展进入新常态的历史背景下,为应对区域发展不平衡的矛盾日益突出的挑战,解决资源环境压力逐渐加大的问题,党中央、国务院做出了京津冀协同发展的重大决策部署,旨在加快转变经济发展方式、培育增长新动力和新的增长极,满足优化区域发展格局的实际需求,具有重大现实意义和深远历史意义。

2.1.1 京津冀三地经济发展数据分析

自提出京津冀协同发展这四年来,京津冀地区坚持优势互补、互利共赢、扎实推进、奋力开拓,这一新的经济增长极正迸发出蓬勃的活力。

由表2-1中数据可知,2014~2017年,京津冀地区生产总值呈逐年上升趋势,相较于2014年,京津冀三地经济总量增长了1.24倍,北京贡献了增量部分的41.4%,河北贡献了40.8%,天津贡献了17.8%,由数据可知,北京、河北是推动京津冀地区经济快速增长的主动力,四年间,北京地区生产总值增长了1.31倍,河北增长了1.22倍,天津增长了1.18倍。

表2-1　　　　2014~2017年京津冀三地地区生产总值　　　　单位:亿元

地区名称	2014年	2015年	2016年	2017年
北京市	21330.83	23014.59	25669.13	28000.4
天津市	15726.93	16538.19	17885.39	18595.38

续表

地区名称	2014 年	2015 年	2016 年	2017 年
河北省	29421.15	29806.11	32070.45	35964.0
三地总计	66478.91	69358.89	75624.97	82559.78

由表 2-2 可以看出，2014~2017 年，京津冀三地第一产业增加值整体保持稳中不变，其中，北京第一产业增加值下降了 25%，河北和天津分别增长了 9.2% 和 1.8%。第二产业，京津冀三地第二产业增加值增长 1.1 倍，整体保持了稳中有升的态势，增速方面，北京第二产业增加值增长了 1.14 倍，贡献了增量部分的 22.3%，河北第二产业增加值增长 1.16 倍，贡献了增量部分的 82.6%，天津第二产业增加值有所回落，拖累了增量部分约 4.9%。第三产业的增速方面，2014~2017 年，产值增长 1.35 倍，增速明显快于第一、第二产业，其中，北京第三产业增加值增长 1.32 倍，贡献了增量部分的 43.5%，河北第三产业增加值增长 1.38 倍，贡献了增量部分的 23.9%，天津第三产业增加值增长 1.37 倍，贡献了增量部分的 32.6%。

表 2-2　　　2014 年和 2017 年京津冀三地三大产业增加值　　　单位：亿元

产业 地区	第一产业		第二产业		第三产业	
	2014 年	2017 年	2014 年	2017 年	2014 年	2017 年
北京市	158.99	120.5	4544.8	5310.6	17121.5	22569.3
天津市	199.9	218.3	7731.85	7590.4	7795.2	10786.7
河北省	3447.46	3507.9	15012.85	17416.5	10960.8	15039.6
三地总计	3806.35	3846.7	27289.5	30317.5	35877.5	48395.6

总体来看，在京津冀协同发展的背景下，京津冀地区的第二产业发展稳中有进，第三产业发展迅速。从地区三大产业发展的情况来看，北京产业结构进一步优化，动能转换速度明显提升，创新驱动逐步发力；河北产业转型升级取得新成效，新动能支撑作用增强；天津质量效益稳步提升，转型发展成效显现。

2.1.2　京津冀三地金融业发展分析

推进京津冀地区金融市场一体化，巩固并加强金融业对区域协同发展的支持和引导是推动京津冀协同发展的重要内容之一。为提升跨区金融发展协同水平和服务效率,京津冀三地的金融业积极行动,在以下三个方面进行了积极探索:一是配套机制的完善。监管能力方面,中国人民银行总行指导京津冀三地分支机构开展联合调研,推进数据共享,强化监管协作,建立了协调机制;金融基础设施互通方面,京津冀三地推进了信用担保、异地存储、支付清算等业务的同城化机制;金融服务对接方面,推动了三地金融机构的交流与合作。此外,多家银行制定了支持京津冀协同发展的服务方案,成立了相应的工作委员会、工作小组等统筹组织。二是对京津冀地区重点领域加大了中长期的资金支持,商业银行主导或参与设立了多种产业基金,包括绿色产业等基金。三是推进金融服务一体化建设。目前,三地银行合作密切,京津冀农银通卡的发行和流通实现了个人客户资金的无成本跨区域流通,推进了京津冀地区票据交换工作,开展了跨区域异议和投诉的处理工作。

当前在金融市场一体化发展的背景下,虽然已经开展了很多推进金融协同发展的工作,但是三地在金融市场的发展中还存在着很大的差距。金融领域的主要行业包括银行、证券和保险,三地在三大行业的发展表现具有很大的差异性。首先是在银行方面,银行业是金融发展的基础和核心行业,是国家用来控制经济发展的关键工具,其主要作用是吸纳和调动社会闲散资金,充分提高资金利用率,促进资金的流动性,近几年来,京津冀地区银行机构的数量并没有增加,其行业的发展却在不断完善和优化,包括创新金融产品、提升服务质量、优化业务办理、发展金融科技等方面;其次是在保险行业,保险行业是国家的朝阳产业,是当前金融领域中规模最大的行业,在国家积极引导国民正确认识保险和使用保险的发展背景下,京津冀地区的保险机构稳步发展,数量较为稳定,由于京津冀三地经济发展的不平衡性,三地的保险业差距很大,北京地区的发展明显强于天津和河北两地;最后在证券行业,证券行业是调节经济发展的重要手段,能聚集和有效分配资本,相较于银行和保险行业,虽然在我国的发展时间较短,但是发展迅速,京津冀三地的证券行业发展同样存在很大的不平衡性,北京地区的发展远远超过其他两个地区,河北最为落后。

总体而言,在金融行业的发展中,三地的差异性较大,由于北京享有优越的政治、经济、金融、科技和人才资源,其金融行业发展迅速,在三地中发展水平最高。天津区域优势优越,外商投资优势明显,但其金融基础设施较落后于北京,有待进一步建设。河北省的金融发展程度速度落后于其他两地,有待于进一步开发其金融资源。

2.2 京津冀金融科技发展政策法规环境分析

2.2.1 金融科技创新发展的相关制度

金融业作为现代经济的核心，一向是国家注重监管的行业，其监管政策的制定和执行关系着金融业发展的未来。同样，我国对金融科技的发展也是遵循"管""扶"并重的基本原则，政府对金融科技采取鼓励、支持和严格监管的态度，曾多次发文鼓励金融与科技融合发展，支持有基础、有条件的金融企业在金融业务领域积极开展技术解决方案的探索和应用，政府提供的开放、包容的监管环境为我国金融科技的繁荣奠定了良好的制度基础。

早在2013年，中国人民银行就多次发文表示对科技创新推动互联网金融发展的支持态度。自2014年以来，李克强总理连续四年在《政府工作报告》中提及"互联网金融"。2015年，10部委联合印发了《关于促进互联网金融健康发展的指导意见》，明确提出对互联网金融要采取包容的态度，"采取适度宽松的监管政策，为互联网金融创新留有余地和空间"。近两年来，政府出台了一系列引导金融科技探索和建设的相关政策，越发强调国家对金融与科技深度融合的支持态度。

2015年，中国人民银行、科技部、银监会、保监会和证监会在联合发布的文件《关于大力推进体制机制创新 扎实做好科技金融服务的意见》中，明确提出"大力培育和发展科技创新的金融组织体系，加快推进科技信贷产品和服务模式创新，探索和构建符合科技创新特点的保险产品和服务，进一步深化科技和金融结合试点"。

在银行金融业务创新方面，《中国银行业信息科技"十三五"发展规划监管指导意见》提出多项发展建议，具体包括：第一，继续深入落实国家创新驱动发展战略，在银行总体发展战略中纳入创新，明确科技在创新中的重要地位和战略定位。第二，在制度、组织和流程方面为科技创新提供良好氛围，优化科技创新顶层设计和治理结构，培育科技创新文化，推行鼓励创新、激发创新、自觉创新的文化氛围。第三，全方位推进科技创新，增加在创新产业的研发投入并设立专门账册。第四，开展前瞻性研究，持续跟踪新技术的发展趋势和方向，深入开展大数据、虚拟化、云计算、移动互联等技术领域的创新工作，积极尝试应用量子通信、生物特征识别、虚拟现实、人工智能等新技术。第五，加强产、学、研、用协同创新，博采众长，关注并积极探索开展科研成果的转化，推进中小微科技企业创新成果的广泛应用。

2016年8月，国务院在发布的《国务院关于印发"十三五"国家科技创新规划的通知》中提出"引导银行等金融机构创新信贷产品和金融服务，加快发展科技保险，鼓励保险机构发起或参与设立创业投资基金，探索和规范发展服务创新的互联网金融，推进各具特色的科技金融专营机构和服务中心建设"。

2016年9月，在国务院印发的《国务院关于印发北京加强全国科技创新中心建设总体方案的通知》中，强调"推动科技与产业、科技与金融、科技与经济深度融合，培育一批具有国际竞争力的创新型领军企业，聚集世界知名企业技术创新总部，构建跨界创新合作网络，推动互联网金融创新中心建设"。

在金融科技创新的浪潮逐步席卷全球的现状下，要想为金融科技产业的长远发展提供有力的制度支持和保障，需要各国政府在政策监管和金融科技创新之间寻求一种动态的平衡，因此，各国政府对金融科技的监管一直保持积极调整、与时俱进、不断出台监管政策的管理态势。

在积极鼓励创新金融科技发展的同时，我国政府通过一系列政策法规逐步推动行业健康发展和市场秩序的良好建设。在金融科技发展的初期阶段，由于行业进入门槛较低，频频发生违规和风险事件，决策层面对此种行业乱象，采取措施严格引导和规范了金融科技行业的良性发展。2016年被称为我国互联网金融的监管元年，在这一年里，我国政府坚持"鼓励合法、打击非法"的核心原则对互联网金融开展了持续一年的专项整治活动。在此基础上，银行理财、保险资金等诸多金融领域均开始正式发文规范金融市场的资金活动，促进了2017年"穿透式"监管的全面落地。随着各类监管政策的先后出台，金融科技行业一改曾经良莠不齐、鱼龙混杂、风险频发的发展局面，在政府严格监管的主基调中逐步朝着规范化的方向发展。

2016年3月，中国互联网金融协会面对P2P行业混乱发展的局面和现状，发布了《互联网金融信息披露规范》（初稿），要求所有的P2P从业机构每天更新涉及交易、借款人、投资人等相关信息在内的21项平台运营信息，提升平台的透明度。

2016年4月，国务院在《互联网金融风险专项整治工作实施方案》中明确提出，相关部门要根据责任分工针对当前和下一时期的互联网金融整治工作做出全面部署和安排，首次提出"穿透式监管"的工作要求，并将专项活动计划制定为一年左右。各相关部门针对各自监管领域内的金融科技业务集中发布了多项监管政策，发布了互联网风险专项整治工作实施方案：教育部联合银监会发布了《关于加强校园不良网络借贷风险防范和教育引导工作的通知》，要求加大不良网络信贷监管的力度，建立校园不良网络借贷实时预警机制；工商总局、中央宣传部等17个部门在《开展互联网金融广告及以投资理财名义从事金融活动风险专项整治方案》部署了全国范围内对互联网金融广告和以投资理财为名义从事金融活动进行集中清理整治的工作；央行等14个部门发布的《非银行支付机构风险专项整治工作实施方案》要求支付机构将客户备付金统一缴存央行或符合要求的商业银行，加大对客户备付金的整治和整改力度。银监会、工信部等15个部门在发布的《P2P网络借贷风险专项整治工作实施方案》中明确了在全国范围内开展P2P网贷平台专项整治工作，判定依据包括是否涉及非法集资、业务活动中是否"踩红线"等内容，将P2P网贷平台分为合规、整改和取缔三类；保监会等14个部门针对互联网跨界保险业务发布《互联网保险专项整治工作实施方案》，明确保险机构重点查处和纠正互联网领域内存在的不具备资质、非法设立资金池、风控手段不完善等问题。

2016年10月，证监会等15个部门发布《股权众筹风险专项整治工作实施方案》，提出将互联网股权融资活动纳入整治范围，分布有序地开展股权众筹风险整治工作。

2017年2月，由银监会发布的文件《网络借贷资金存管业务指引》中明确规定存管人和网贷平台资金存管的详细业务规范，要求网贷平台在地方金融监管部门备案登记，在获得相应的增值电信业务经营许可后方可开展业务。

2017年4月，银监会发布的《中国银监会关于银行业风险防控工作的指导意见》特别提出持续推进P2P风险的专项整治工作，做好对校园贷、现金贷等业务的清理整顿工作，重点强调对十大类型风险进行防控。

2017年6月，中国人民银行等17个部门联合发布了《关于进一步做好互联网金融风险专项整治清理整顿工作的通知》，要求各省领导小组严格按照清理整顿的要求，完成各自行政区域内互联网金融活动的状态分类，形成机构分类清单及清理整顿的阶段总结报告，并报送互联网金融风险专项整治工作领导小组。

2017年9月，中国人民银行营业管理部在《关于落实对代币发行融资开展清理整顿工作加强支付管理结算的通知》中要求银行和支付机构停止代币融资平台提供支付结算服务，逐日监控平台存量账户资金，并排查代币发行融资类账户。

2017年12月发布的《中国人民银行关于印发条码支付业务规范的通知》中要求对个人客户的条码支付业务进行限额管理，提高风险防范能力到B级，限制客户单日交易额。

总体而言，"管""扶"并重是金融科技发展应坚持遵循的基本原则，也是政策环境发展变化应坚持的核心。在"管"的方面，应坚持将金融科技企业纳入风险管控的框架范畴，建立业务风险评估机制，持续保持对金融机构信息安全和业务流程的关注，密切跟踪区块链、大数据、人工智能等新技术对金融机构业务活动、风险防范和监管机制的影响，强化技术、制度等专业资源的配置和建设。在"扶"的方面，针对监管框架内范围内仍需观察的金融科技创新产品和服务，采用监管"沙盒"的模式允许企业在获得业务牌照的情况下，在真实或模拟的金融市场中开展测试业务；积极协调政府部门、金融机构和金融科技企业之间的关系，帮助金融科技企业将新技术产品合理化、成果化；对获得牌照的创新产品和服务预先提示和引导对其实施的监管要求，确保其业务和产品的规范。

2.2.2 京津冀地区金融科技创新发展的政策环境分析

（1）北京。

作为国家金融监管部门所在地和全国科技创新中心，北京兼具金融与科技两个重要的关键元素，具有发展金融科技的良好条件和现实需求，相关政府部门一直在大力推动金融科技规范、安全、健康的发展。

北京是当前全国金融科技投资最为活跃的地区之一，截至2017年，金融科技的融资额达到263亿元，占全国范围融资金额的33%，同比增长237%。为进一步推动金融科技产业的发展，北京金融街资本运营中心发起设立北京新动力股权投资基金，主要投向金融科技、大数据、人工智能、消费升级、智能制造、教育文娱等领域，投资规模高达100亿元。2018年5月，北京对"北京金融科技与专业服务创新示范区"正式揭牌，其由金融机构聚集的西城区和北京中关村科技园区联合打造,将在更高水平上支撑全国科技创新中心建设,服务建设国家金融管理中心。

在政策方面,北京市将编制《北京市促进金融科技发展规划(2018～2020年)》,在示范区打造以金融监管科技为核心,金融创新应用领域为支撑的产业集聚格局。在服务创新方面,示范区将出台《关于支持北京金融科技创新示范区发展的若干意见》(金科十条),从国际合作交流、建设孵化平台、人才聚集发展、企业自主创新、专业服务创新、企业提升办公场所等十个方面提出具体措施并明确政府支持资金的奖励标准。

政府对服务金融科技机构和企业方面,也对相应措施进行创新,如实施金融科技机构专业服务代办制和"亲情卡"服务机制,确定"一对一"的企业专员服务制,为机构推进政务服务"标准化、专员化、全程化",为金融科技机构快捷地办理注册、统计、税务、高新认定等政务服务提供便利。

对由金融科技的发展滋生出来的金融诈骗等行为,北京同样加强了监管政策的出台和执行。2016年6月,《关于加强北京市网贷行业自律管理的通知》中明确提出加强对网络借贷信息中介机构活动的监管,通过构建自律体系,行业协会充分发挥自律和管理功能,促进网络借贷行业的规范经营。2017年7月,北京市金融工作局发布的《北京市网络借贷信息中介机构备案登记管理办法(试行)》规定网络借贷信息中介机构应当在规定时间内向登记地所在区金融办申请备案登记。

(2)天津。

天津金融科技创新的步伐相对北京来说起步较晚,但是对金融科技创新的扶持力度较大。为加快促进金融与科技深度融合发展,实施科技强区战略,天津市将在东丽区投资200亿元建设国内首个金融科技小镇——东丽湖科创金融小镇。对小镇的战略定位包括:北方金融后台服务中心、北方股权基金聚集区、京津冀科创金融示范区。科创金融小镇将以金融为核心,融合配套产业,将生活服务作为支撑,预计吸引各类金融机构及周边机构、金融科技企业和高新技术产业。

在防范互联网金融的风险方面,天津市发布了《天津市网络借贷信息中介机构备案登记管理实施细则(征求意见稿)》,其中提出了对已经设立并开展经营的网络借贷信息中介机构按照先整改达到合规、再变更国内公司名称和经营范围、最后提交备案申请的流程。

(3) 河北。

河北省政府在 2018 年出台的《关于加快推进现代服务业创新发展的实施意见》中指出，河北省预计到 2020 年初步形成以新技术作为支撑、新业态引领创新、新模式广泛应用的现代服务业体系。在金融科技方面，着眼于推动金融服务产业和现代科技产业深度融合发展，在雄安新区试点开展服务实体经济的金融科技创新和金融试验，推进国家级重大金融项目的落地实施，吸引银行、证券、保险、信托、基金、金融租赁、期货等金融企业总部、一级分支机构、各类专业子公司以及金融配套服务机构等其他创新型金融机构向雄安新区聚集。

2.3 京津冀金融科技发展技术环境分析

2.3.1 金融科技应用技术分析

当前，我国金融科技发展呈现出新的特征，应用的创新技术升级和更新速度快、人性化和智能化的金融产品和金融服务、紧密结合现实的业务场景、数据资源的应用价值愈加凸显、金融经营模式越发灵活。

繁荣发展的金融科技正在逐渐改变金融行业生态。

一是迅速兴起的互联网金融行业对传统金融行业带来巨大的冲击。首先，互联网技术极大增加了信息传播的途径和渠道，大幅度减少了信息不对称的现象，扩展了提供和享受金融服务的客户群体。其次，互联网技术能够实现信息资源的实时共享，使业务处理流程逐步趋于系统化、自助化与自动化，使交易更加便捷。最后，在互联网交易过程中，双方直接在网上互动完成服务，突破了时间和空间上的界限，提升了交易效率，降低了中间成本与环节的消耗。

二是随着非金融企业逐步加入金融行业，金融市场主体呈现多样化。首先，大量科技企业积极获取金融牌照，借助金融科技的发展契机跨界提供金融服务，逐渐形成了"科技+牌照"的趋势。其次，大量传统企业凭借积累多年的 To C 服务经验，发挥用户规模优势，通过大数据技术与用户数据资源的结合，也积极跨界提供金融服务。最后，大量新兴创业企业依托于金融科技领域的技术和商业模式创新，成为金融市场中具有核心竞争力的新兴力量。

改变当前金融行业发展中出现的资源配置不合理、服务产品形式较单一等扭曲现象，最大限度地实现新金融制度和技术的最优组合是金融科技发展的使命之一。发展金融科技的方向主要包括：一是通过互联网技术、大数据和人工智能，大规模降低金融运营成本，降低行业准入门槛，使得具有合理金融需求的实体部门都能享受合规的、公平的、有尊严的金融服务；二是通过大数据和区块链技术解决我国的信用体系建设问题，健全经济金融体系的征信机制；三是沿着实体经济运转的供应链，获取、跟踪商品和劳务流转过程，运用先进的信息技术手段创造形式多样的金融服务和产品。

过去金融业一直探索利用前沿技术改造行业现状，但是受限于对底层技术的应用不够成熟并未成为商业主流模式，很多尝试停留在研发投入阶段和商业化初期应用阶段。近年来，"大智移云"等新兴科技快速演进，研究取得突破性进展的大数据、云计算、人工智能和区块链等新兴技术逐步应用到金融领域的业务创新中，推动了金融科技进一步发展，也驱动了金融业态的改变。

大数据、云计算、人工智能和区块链等新兴技术相互之间并非毫无关联、彼此孤立，而是相辅相成、相互促进、相互支撑的。其中，大数据技术挖掘、管理基础的数据资源，对金融行业中现有的大量种类多样、格式丰富、不同领域的大量数据信息进行处理，基于数据分析等技术手段从数据中提炼出有价值的信息，实现风险的准确评估、创新产品和模式的精准预测、经营效率的提升；云计算是并行处理各类业务系统的基础设施，其能有效整合金融行业中的多个信息系统，为金融机构提供信息共享、数据并行的统一运营平台，消除"信息孤岛"，在完全符合监管规范、信息安全、数据隔离等要求的情况下，云计算为机构部署快速上线的业务系统、处理突发性的业务需求，是实现业务创新改革的有力支持；在云计算和大数据的技术支撑基础上，人工智能技术推动金融科技的发展迈向智能化、自动化的新时代，人工智能在金融业中广泛用于客服和智能投顾等领域，能实现替代人类完成重复性工作，帮助提升用户体验和工作效率，有助于拓宽销售和服务的渠道和能力；区块链技术的实现需要计算分析能力和数据资源处理的技术支撑，它能有效减少金融机构间的清算成本，提高交易处理效率，保证交易数据的安全，为改革金融业务基础架构和交易机制创造了技术条件。对当前金融行业落地的具体应用分析得出，一般都是对金融云和金融大数据平台进行集中一体化建设,并依托集中化平台部署和实现人工智能的相关应用。新一代信息技术的发展推动了融合生态的发展,并进一步推动金融科技的发展进入新的历史阶段。

在未来的发展过程中,云计算、大数据、人工智能和区块链等新兴技术将联系得越来越紧密,相互之间的技术界限正在逐步突破,未来将有更多的技术创新出现在技术融合和交叉区域。

2.3.2 银行业金融科技技术应用环境分析

目前,技术升级的速度日新月异,银行业如果仅限于做好已有技术的应用已经不足以应对对内变革的需求和外部环境的竞争,金融科技的应用逐渐成为银行业解决发展痛点的关键因素,是银行业的发展机遇和技术挑战。为了在愈加复杂的竞争环境中谋求可持续的发展,部分银行逐渐建立了较为完善的科技创新战略。

近两年,工商银行结合外部发展形势和内部转型的迫切需求,制定了实现数字化建设、创新发展、智慧洞察分析和弹性服务供给的目标,借力新兴技术实现向数字化、智能化和线上化转型的发展战略,工行总行成立了人工智能、大数据、区块链、互联网金融等七个创新实验室,围绕着 e-ICBC 战略建设了"融 e 购""融 e 联"和"融 e 行"三大平台,推动了互联网金融业务的跨越式发展。

招商银行在《关于设立招商银行金融科技创新项目基金的议案》中明确提出"要不设上限地寻求数据、科技人才,设立专门投资基金,孵化金融科技项目。"每年提供上年税前利润总额的 1% 用于专项扶持金融科技创新项目,加大投入资金用于体外孵化创业项目,制定了并全力推进以"网络化、数据化、智能化"为目标的金融科技战略。

建设银行在广州成立了科技金融创新中心,整合多方资源全力打造科技金融联盟交流平台、科技金融产品创新孵化平台以及创新创业服务平台。在建行推出的"Fit 粤"3.0 科技金融综合服务方案中首创了科技企业"技术流"专属评价体系。

据 2017 年普华永道呈现的《全球金融科技报告——中国概要》中的数据显示,预计未来三至五年 68% 的传统金融机构将加强与金融科技企业的合作。目前很多大型金融机构开始寻求与新兴的科技创新公司探索在金融科技领域的合作，方式包括合资组建公司、共同创办创新公司、孵化器和投资并购等多种方式。

2.3.3 京津冀地区金融科技发展技术环境分析

2018年6月，在国际顶尖的金融科技峰会MONEY20/20金融科技论坛上，浙江大学互联网金融研究院联合浙江互联网金融联合会共同发布了《2018全球金融科技中心指数》排名。研究者选择我国的京津冀、粤港澳大湾区、长三角和旧金山湾区（硅谷）、纽约湾区、大伦敦地区、东京湾区等全球20多个区域以及我国的北京、上海、杭州、香港和纽约、巴黎、伦敦、迪拜、阿姆斯特丹等30多个核心城市为对象采集数据并进行指数计算，对排名前17位的区域和排名前30位的城市的相关数据进行了呈现和报告分析。报告显示，在全球均大力推进金融科技创新的时代背景下，以上区域和城市逐步形成了金融科技发展的标杆。数据显示，亚洲和美洲在金融科技的发展中位居前列，欧洲发展相对缓慢，"一带一路"的国家和地区正在积极追赶金融科技的发展步伐。

在全球金融科技发展的区域排名中，我国的京津冀地区、长三角地区和粤港澳大湾区位列引领全球金融科技发展的第一梯队中，呈现出赶超美国旧金山湾区、英国伦敦地区的趋势。在金融科技产业的比拼中，旧金山湾区以资本实力、优秀金融科技企业数量等方面位列全球第一，具有绝对的优势。我国的长三角、京津冀和粤港澳大湾区的金融科技产业发展均高于70分，分布在全球金融科技产业发展的第一梯队中。在金融科技体验方面，京津冀、长三角和粤港澳大湾区名列前三，金融科技体验的使用率远超美国和伦敦等区域，充分体现了我国用户对金融科技创新业务的接受和认可度较高。在金融科技生态的比较方面，大伦敦地区以首创的"沙盒"监管模式居于首位，这不仅是监管在金融科技方面重要创新，也值得全球发展金融科技的区域进行借鉴。京津冀、长三角和粤港澳大湾区因为宏观经济发展较好，又得到政府的重视和支持位居其后。

全球金融科技发展的城市排名同样包含三个梯队：北京同旧金山、上海、伦敦、纽约、杭州和深圳分别位列全球GFHI第1至第7名，代表了世界金融科技发展的前沿。在金融科技产业发展方面，旧金山、北京、伦敦、纽约、上海、深圳和杭州所拥有的数量众多的金融科技独角兽企业为其发展提供了技术动力，以上城市的金融科技产业得分均大于70，是全球金融科技产业发展的第一梯队城市。在金融科技体验方面，改变付费场景的第三方支付、形式多样的网络众筹、网络借贷、大数据征信等金融科技在中国迅猛发展，我国人民衣食住行等生活的各个方面均受到金融科技创新的影响，民众对其表现出的强烈的支持和使用意愿反哺了金融科技的升级和推广。杭州拔得头筹，北京等其余中国城市包揽前九。此外，作为国际顶尖的金融科技峰会，2018年11月，MONEY20/20金融科技论坛将首次进驻中国并落地杭州，成为扩大杭州乃至中国金融科技企业影响力的重要舞台。从金融科技生态来看，北京、纽约、伦敦、上海、深圳、杭州、新加坡和旧金山的金融科技生态为全球最好，其为金融科技发展提供了有力的政府支持，营造了良好的创新氛围，其发达的经济金融环境也为金融科技发展提供了沃土。

依托中关村国家自主创新示范区的创新优势，北京吸引了超过150家金融科技企业，其中，共计56家中关村企业获得第三方支付牌照，占全国范围内的20%；共40家中关村企业获得企业征信备案，占全国范围内的30%，居全国首位。在云计算、大数据、人工智能、区块链、移动支付、监管科技、互联网保险、供应链金融、智能投顾等领域涌现出了一批领军企业。目前，在毕马威发布的中国领先金融科技公司50强中，中关村连续两年有20多家企业进入榜单，数据居于全国首位，网络支付清算平台、非银行支付机构、网联清算公司已经启动运营，并接入超过462家商业银行和115家支付机构。北京已初步发展成为国内综合优势领先的金融科技创新城市。

在天津和河北的金融科技技术应用实践中，以银行业的金融科技创新较为突出。2018年，天津银行与蚂蚁金服签署战略合作协议，双方将依托各自在传统金融与互联网金融方面的优势，在银行数字化转型方面开展深入合作，密切合作的建设领域涉及大数据平台、移动智慧银行、互联网金融核心业务、智能运维体系等方面。招商银行天津分行推出开放式金融科技用户体验区，旨在提升客户的服务体验，打造招行金融科技品牌新形象，实现客户需求和金融产品的精准对接。天津建行为解决小微企业融资难、融资贵的难题，基于互联网思维，运用物联网、云计算、大数据、区块链等新兴技术，启动并上线了供应链金融综合服务平台。平台基于真实交易背景下产生的交易信息及交易信用等数据资源作为增信手段，以平台化、自动化、批量化的经营方式，为供应链上的各级个体工商户、商户、农户等全链条交易客户提供在线融资服务。同时，建设银行也正致力于在更多的实体场景中运用网络供应链的融资方式,为更多新兴、民生行业的小微企业提供更便捷、更具持续性的金融服务。河北银行出于改变传统业务流程中的节奏慢等痛点的目的,相继推出柜面无纸化、业务免填单、单位结算卡等业务流程,通过科技创新不断提升高效便捷且人性化的客户体验,助力柜面服务再升级。未来河北银行还将探索人工智能、大数据、人脸识别等新兴科技与银行传统业务的无缝融合,搭建智能柜台,打破"隔窗交流",实现服务、流程、产品多点突破,带动柜面服务的转型与创新。

2.4 京津冀金融监管科技发展环境分析

随着云计算、大数据、区块链和人工智能等技术与金融领域应用的深入融合,金融科技逐渐成为金融业重要的变革力量,在第三方支付平台、P2P网贷平台、数字货币、区块链技术等金融领域中不断涌现出大量互联网金融企业。部分金融机构在提高金融交易效率、降低交易成本的同时,也带来一些不可预测的风险和隐患。例如,P2P网贷行业中出现的集资诈骗、老板跑路、自建资金池等违规行为。如何有效促进和扶持金融科技发展,同时加强监管力度规避风险隐患成为当前监管层面面临的巨大难题。

监管科技(RegTech),由监管(Regulatory)和科技(Technology)组成,是科技与金融监管全方位融合的产物,同时也是金融科技的一个重要分支。监管科技的概念最早由英国提出。在遭受到全球金融危机带来的系统性冲击后,英国政府为了调整国内的金融监管体系,专门成立了监管金融行为的金融行为监管局(Financial Conduct Authority,FCA)。成立后,FCA在监管科技方面开展了一系列积极的探索,积累了许多成功经验。早在2015年,FCA就创立了金融科技的监管"沙盒"机制,初创类企业在"沙盒"中不用担心来自监管方面的风险,可以大胆开展技术的创新。"沙盒"机制的成功模式推动英国成为全球监管科技创新的源头。

目前,全球各国监管科技的发展水平参差不齐,大多数国家处于监管科技的初期发展阶段,对监管科技的概念也尚未确定统一规范的定义。FCA认为,监管科技主要指金融科技公司利用新技术解决监管合规问题提出的自动化解决方案,以减少机构在合规问题上的资金消耗。国际金融协会认为,监管科技是为了高效处理监管和合规问题而使用的新兴技术。

我国当前的监管科技发展仍处于初级起步阶段，在许多领域的应用仍处于探索时期。在我国金融业信息化建设之初，网络银行和网络支付技术大规模应用，金融科技监管主要集中在金融信息基础设施的完善和信息安全方面。在互联网金融发展的初期，随着网络支付机构的增多，网络支付服务的风险逐渐引起人们的关注，但是并没有出台有针对性的监管政策。只是通过发布风险预警、与业界及公众沟通等方式，提醒人们预防网络欺诈、非法集资、非法吸收公众存款、非法设立资金池等行为。随着国家推进实施"互联网+"战略，互联网金融的新业务呈指数增长，由于缺乏严密的监管规章制度，风险和隐患逐步暴露出来。国家在《关于促进互联网金融健康发展的指导意见》中界定了互联网金融业态，划分了监管职责。随后，各监管部门开始在各自管辖范围对监管对象制定专项监管规定，金融科技监管治理架构开始建立。2016年5月开始有序推进互联网金融风险专项整治工作，并将于2018年6月底完成最终整改验收工作。2017年，密集出台了多项监管细则，"监管合规"成为金融科技行业的首要任务。面对跨行业、跨市场交叉融合发展金融市场，为了提升金融风险的甄别、防范和化解能力，2017年5月，中国人民银行成立了金融科技（FinTech）委员会，旨在充分利用云计算、大数据、人工智能等新兴技术丰富金融监管的手段，强化监管科技的应用实践。2017年5月，中国人民银行成立了金融科学技术委员会，提出加强科技监管，识别和预防新的金融风险。

党的十九大报告要求建立健全的金融监管体系，以守住不发生系统性金融风险的底线。2018年，中央经济工作会议要求做好防范和化解重大金融风险的攻坚斗争。在当前科技与金融一体化深入和金融科技快速发展的形势下，必须更加重视金融业务风险与技术风险结合所产生的扩散效应，平衡行业发展与风险监管间的关系，通过建立全方位、多层次的监管治理体系，确保金融科技发展过程中的风险可监测、可管控、可承受，并促进金融科技行业为服务实体经济与普惠金融发挥更大作用。2018年，中国人民银行将重点建立和完善互联网金融监管和风险防范的长效机制，并将互联网金融纳入宏观审慎管理框架。

我国目前也有不少金融科技企业和监管机构在监管科技领域取得了一些成果。例如，2016年北京市金融局开始构建以区块链技术为技术基础的网络贷款风险监测系统，可使监管部门记录所有网络贷款平台上报的交易、用户等数据，快速识别和应对异常交易。中国人民银行正在构建二代系统大数据综合分析平台，用于监测和分析洗钱活动。证监会依托大数据仓库，使用大数据分析技术，建立多种数据分析模型，使用软件爬虫，深度挖掘，寻找案例线索，打击内幕交易，识别非法交易账户。蚂蚁金融反洗钱监控系统才能在智能处理和分析海量数据的基础上监控异常交易。

第3章 京津冀金融科技细分领域分析

当前,金融科技时代进入纵深阶段,以大数据、AI等为主的金融科技生态逐步形成,而金融科技也是实现普惠金融的必要手段和桥梁。在金融科技进入下半场之间,行业比拼仍火药味浓重,但在迅速迭代的科技时代,并不是比谁的规模大,而是比谁能在诸多细分领域精耕细作的坚持与迭代。因此,作为京津冀地区科技发展薄弱的河北省必须努力深耕金融科技,继续完善各类金融服务质量,为普惠金融贡献力量,京津冀金融一体化的愿景正越来越近。

3.1 风险控制

风险控制是金融科技中最重要的一个环节,目前在金融风险控制方面,可以应用的主要金融科学技术有:大数据、人工智能、区块链。

3.1.1 大数据在风险控制中的应用

目前,使用大数据进行风控主要应用于非传统的金融领域,如P2P、网络小额信贷等互联网金融领域,与传统金融尤其是银行业不同,互联网金融往往面对的是中小企业,中小企业最大的特点就是风险高,使用大数据进行风控的类型也以违约风险为首要目标。如果采用传统银行业的方式进行违约风险控制,往往要求企业提供各种资质、证明等,且周期长;而应用大数据,采用广泛的数据来源,可以对风险级别快速识别,不管是时效性还是时间成本都要更完善。具体来说,当前大数据风控主要应用有欺诈识别、授信评分、贷后管理。

（1）运用大数据技术进行客户欺诈识别。

申请信贷的客户存在伪造数据的可能性，尤其是在互联网金融环境下，因为数据往往是网上进行，对数据真实性的把握力度不足，客户可能会编造了全部或部分信息，以提升其贷款成功率。而这部分伪造的数据往往具有一定的模式，从多个角度可以看出不符合常理的情况，如果通过大数据对这些信息项进行采集，并建立欺诈模型，可以较有效地预防客户欺诈。其关键的信息项参数有：①位置信息欺诈。识别位置信息是申请信贷中重要的数据之一，根据位置信息能够对客户进行多项评级，为了提升申请贷款成功率，客户可能会伪造个人、企业、或项目的位置信息；但基于移动互联网，个人智能终端设备或企业生产设备一般具有基于LBS的应用，通过这些应用采集位置数据，与客户申报数据进行对比，可以识别出基于位置信息的欺诈。②通过填报过程中日志数据进行识别。客户提交申请信息往往使用APP或网页服务进行，通过在APP、网页上建立过程监控程序，采集客户在填写每项数据时花费的时间、修改的次数等，可以动态地识别出欺诈的可能性。③内部信息交叉验证识别。与调查文件对同一问题进行多次提问一样，信贷申请材料中的各项信息也存在相互验证的可能性，通过对多个填写项内在的逻辑联系分析，可以对存在欺诈的可能条件进行识别。④外部信息交叉验证识别。客户除了存在伪造数据的情况，还存在对不利因素隐瞒不报的情况，如负债、业务运营中存在的问题等，通过抓取互联网上公开的与申请人相关的工商、税务、法律公示信息，可以对填报数据进行交叉验证。

（2）用大数据技术对客户进行授信分级。

对符合条件、能够正常申请信贷业务的客户，通过大数据模型进行画像分析，并按不同类型分发到不同的细分领域，以适应不同的细分模型，包括不同的产品、行业、地域、阶层、客户群，以对应不同的业务类型，包括车贷、消费贷、现金贷、抵押贷、个人经营贷等。不同类型的信贷业务申请可以调用不同的大数据授信分级引擎，该引擎将经过用户允许或授权而获得的数据，包括社交网络、电子商务网站、住房、工商、税务等数据，建立授信模型，以适应个人信贷或企业信贷业务的需要。

（3）运用大数据技术进行贷后管理。

贷后管理主要针对"还款意愿差"和"还款能力不足"两种类型的客户，以往一般通过人工排查的方式进行，需要较多人力和时间成本；而通过采集相关数据，建立数据模型以及人工智能规则，可以及时有效地进行监测、预警以及及时跟踪违约风险。

3.1.2 人工智能在金融风控中的应用

大数据的发展促进了人工智能的发展,当前人工智能主流的方式是深度学习,深度学习需要使用大量的数据,通过让机器去学习数据发现规律并执行预定的操作。将人工智能运用在金融风险控制领域是该领域大数据发展的进一步趋势,单纯的应用大数据技术仍然需要人的参与,由人根据经济、金融等规则设置风控模型,并为模型提供数据,而模型的完善需要不断调整参数以及数据的维度,模型的好坏完全在于人对数据的理解。而人对数据理解时往往基于正常的"因果关系",但使用人工智能技术后,可以对所有采集的数据进行基于"关联关系"的分析,能够发现更多可靠的规律,而且一旦规律经过确认就可以制定"发现即执行"的及时策略。具体来说,使用人工智能进行金融风控主要方式有:

(1)提取数据深层规律。在金融大数据环境下,尤其是在互联网金融环境下,大量结构化非结构化的数据可以运用机器学习(深度学习)的方式进行特征提取,发现数据内在的规律,可以应用在多种信贷风险管理上。

(2)提高风控模型与大数据模型的结合程度。风控模型需要与采集的数据类型进行匹配,才能发挥出数据可能存在的价值。在人工智能风控模型中,不断加入多维度的数据类型,通过机器学习对风控模型涉及的数据进行参数优化,以区分不同维度数据的重要程度,提升数据价值。

(3)建立基于人工智能的反欺诈模型。通过大数据欺诈模型主要参数的设定,将参数涉及的数据交由机器学习模型处理。如果存在历史欺诈数据,可以建立有监督的机器学习;如果不存在标签化的数据,可以通过分类模型的机器学习去探寻可能存在的欺诈行为规律。

3.1.3 区块链技术在金融风险管理中的应用

区块链是一种去中心化的分布式数据库技术,可以为上层建筑提供信任机制。在金融快速发展的同时,由于传统的中心化的信任机制的问题,体现在信用评估模型成本高、中介机构结算效率低、中心化信任机构监管方式有限等上,导致其存在运营成本高、风险控制成本高、全面风险控制能力较差等方面的缺点。

在金融风控领域应用区块链，可以将风控的基础，即有效数据在区块链提供的分布式数据库上进行存储和处理。区块链去中心化的特性、数据确权溯源能力、合约自动执行特性，可以为更低成本、更有效率的风险控制提供基础，体现在：区块链有助于保障金融数据的安全，由于区块链通过P2P网络将数据进行分布式存储，各个网络节点共同参与数据的计算和记录，并能够互相验证数据的有效性。这样既能达到信息防伪的效果，又为信息追溯提供了技术手段。

区块链有助于提供金融领域的信任机制。区块链能够实现金融业务所有参与人无差别获取市场所有交易数据、资产数据，可以有效降低交易参与方之间的信任成本，且基于区块链的智能合约的实时性也减少了支付结算环节的出错率，保证交易的顺利进行。同时，因为所有交易均在链上，也为监管部门的实时监测提供了便捷。

虽然目前区块链技术在金融风控方面具有诸多优势，但由于区块链本身仍处于发展完善期，各种主流的底层区块链也存在漏洞，目前并未有成熟的、可商用的基于区块链的金融风控解决方案；区块链从业者大多在进行区块链基础设施建设方面的工作，如公链的开发、区块链安全的预防和防护、区块链媒体等。一旦公链技术成熟且安全系数能够达到商用级别，基于区块链进行金融风险控制势在必行。京津冀，尤其是在以金融、科技为目标的雄安新区，应着手区块链与金融相结合的战略发展。

3.1.4 产业调研

（1）百融金服。

百融金融信息服务股份有限公司（简称"百融金服"），是一家利用人工智能、风控云、大数据技术为金融行业提供客户全生命周期管理产品和服务的智能科技公司。百融金服使用线上、线下融合的海量非金融与金融数据进行信用风险建模，通过风险模型识别欺诈风险和信用风险。参照国内外征信服务市场，并立足中国国情，百融金服开发了适合中国市场的征信产品和服务体系。另外，百融金服自2014年创立，就率先将机器学习等技术应用到风控产品应用中去，并一直持续投入发展人工智能领域，最终形成了人工智能在金融大数据领域系统化的应用。

"希望金融机构用最小的投入获得行业领先的风控能力",这是百融金服在建设智能风控管理平台时的初衷。因此,在满足各类金融机构信贷业务风控需求的同时,百融金服将平台功能组件化、参数化、智能化,还将多年的运营经验形成标准数据产品、规则产品及评分模型,并为风控专家和算法工程师提供自定义功能。据此,金融机构可根据各自风险偏好、场景特征和客群差异等情况进行个性化策略配置,以满足快速发展的业务需要。

在现金贷和P2P风波背后,监管层肯定了大数据应用公司的价值。其一,金融科技公司帮助控制了行业的系统性风险;其二,让传统金融机构有渠道获得客户在互金行业的行为数据,隔绝了风险传导;其三,通过技术输出,能够帮助能力较弱的传统金融机构提升技术能力,加强IT系统和基础设施,完善风控模型和决策流程,帮助整个行业加强风控能力。

百融金服主要的产品有关于欺诈和信用风险识别的授信评估系列产品,包括企业征信、个人信用评估,未来将拓展到金融营销和一些增值服务,覆盖金融客户全生命周期。总体来看,在贷前模块提供营销引流服务、授信评估服务;在贷后模块提供用户增值、风险预警及资产管理服务。

基于人工智能和大数据相关技术,百融金融云服务提供快速的模型迭代和检验,智能化地识别金融业务中的风险和机会,提高行业的运转效率,为合作伙伴的业务发掘更大的价值。其中,在对"策略引擎"升级后,百融金融推出了智能机器人——"百小融",目前主要应用在催收场景和审批场景。相较于传统催收机器人仅局限于电话呼出,"百小融"具有语音识别(ASR)、语义理解、语音合成(TTS)和对话管理四大模块。其精准的大规模自动语音识别技术能够及时理解外呼反馈。通过深度学习、强化学习、知识图谱等技术的运用,"百小融"可以支持上下文理解、情感分析等功能,能够在对话中识别用户的打断问题,并及时做出反馈,可与客户进行超过多轮的对话,理解用户意图的准确率超过80%,准确流畅地与用户进行交流互动,最终能够实现低成本、高效率的催收。该产品具有流程设计合理、话术配置灵活等特点,成本低、效率高、用户体验好。

百融金融的主要客户为银行、P2P金融企业、消费金融企业。银行包括北京银行、中国光大银行、广发银行等;P2P金融包括点融网、人人贷、惠人贷等;消费金融包括中银消费金融、北银消费金融公司、佰仟金融等。

(2)罗马车贷。

以大数据风控服务于二手车商,罗马车贷是一个面向中小型二手车商的金融服务平台。一般来说，中小型二手车商的车辆库容小、资金流动性强，且有很强的还款能力，但手中不会存放大量现金，贷款资金主要用于短期拆借。罗马车贷开发的产品针对中小型车商，最高贷款额度为100万元，最长还款期限为60天，平均月息1.2分，商户可随借随还。

与传统车商贷的库容类车贷产品不同，罗马车贷的风控逻辑是"重点看人、辅助看车"。商户通过App平台提交信息，平台通过大数据平台对接征信公司，根据个人信息、企业信息、交易信息三个维度，判定给出准入和授信额度。中小型车商贷单笔额度通常较低，因此更注重效率，其全自动规则引擎可实现全线上风控，线下人员只须辅助核验商户的营场地、车位数、员工数等信息即可。

3.2 数字货币

2017年9月4日，中国人民银行、中央网信办、工业和信息化部、工商总局、银监会、证监会、保监会发布了《关于防范代币发行融资风险的公告》，在公告中禁止了代币发行融资活动以及中国的数字货币交易所。但就数字货币背后的技术，尤其是区块链技术、芯片技术，国家一直大力鼓励。在京津冀，现有数字货币及区块链相关产业大多布局在公链研发、区块链安全、芯片研发上。公链研发以"星云链"为代表，区块链安全以"知道创宇"为代表，芯片研发以"嘉楠耘智"为代表。

3.2.1 星云链数字货币技术

星云链以构建能够量化价值尺度、具备自我进化能力，并能促进区块链生态建设的下一代公链为目标。其主要内容有：

定义价值尺度的星云指数，通过综合考虑链中各个账户的流动性及传播性，NR试图为每个账户建立一个可信、可计算及可复现的通用价值尺度刻画。可以预见，在NR之上，通过挖掘更大纵深的价值，星云链的平台上将会涌现更多、更丰富的应用。

支持核心协议和智能合约链上升级的星云原力，帮助星云链自身及其上的应用实现自我进化，动态适应社区或市场变化，从而使得星云链及应用将会有更快的发展速度和更大的生存潜力。开发者亦能够通过星云链构建更丰富的应用,并进行快速迭代。

开发者激励协议,为了更好地建立区块链应用生态环境,星云链将通过星云币(NAS)来激励为生态助力的优秀应用开发者,促进星云链更加丰富多元的价值沉淀。

贡献度证明共识算法,从星云链生态健康自由发展出发,星云链提出了共识算法的三个重要指标,即快速、不可逆和公平性,PoD 通过融合 PoS 和 PoI 的优势,结合星云链中的价值尺度,在保证快速和不可逆的前提下,率先加入了公平性的考量。

去中心化应用的搜索引擎,基于所定义的价值尺度,星云链构建了针对去中心化应用的搜索引擎,帮助用户在海量区块链应用中,找到符合用户期望及应用场景的应用。星云链是国内坚持创新的一个公链品牌,其设计理念和实现效果均处于世界一流水平。

3.2.2 知道创宇

区块链通过加密、P2P 网络等技术在信息互联网的基础上创造价值网络,在区块链上的数据更加有价值,以此区块链的安全更加重要。"知道创宇"是一家多年的安全公司,其凭借十余年的积累,持续探索和分析区块链行业应用及行业安全问题,形成了有针对性的"全业态"安全解决方案,能够为不同业务场景、不同发展阶段的用户提供安全咨询、安全建设、安全运维服务。

3.3 网络借贷

随着互联网贷款行业改革的不断深入,P2P 借贷平台的发展也在不断减少。在新政策的影响下,P2P 网络贷款平台的进入门槛变得非常高,加剧了不同平台之间的竞争,没有核心竞争力和实力的平台将被淘汰。相应的平台质量也在提高,效益将得到合理的回报。信用审核机制、银行存托凭证和 IPC 许可证将是今后的基本入门要求。

3.3.1　P2P 网络借贷产业的基本情况

目前，P2P 网络贷款平台被认为是金融信息服务机构，主要服务于民间借贷，是一种网络版的民间借贷。

P2P 网络借贷平台是 P2P 技术与民间借贷相结合的金融服务网站。P2P 借贷是 P2P 贷款的缩写，而中文翻译是"人人贷"。网络借贷是指借贷的过程，数据与资金、合同、手续都是通过网络实现的，它是随着互联网的发展和私人借贷的兴起而发展起来的一种新的金融服务模式。中国 P2P 产业的发展与美国、英国等发达国家同步发展。随着信息技术的发展，原有的分散民间借贷已经转移到互联网上，使借款人和贷款人可以实现点对点对接互联网上。

3.3.2　P2P 网络借贷产业发展情况及分析

2018 年 P2P 网络借贷产业发展的关键是"监管"。随着《互联网贷款信息中介管理暂行办法》的出台，P2P 网络贷款业已经从无到有地经历了一个监管政策过程。同时，互联网金融的特殊整合、登记制度、银行存款等相关配套工作，对 P2P 网络贷款业的发展产生了深远的影响。2018 上半年是 P2P 网贷行业的转型期。接下来我们从多维数据的角度，回顾 P2P 借贷产业 2018 的发展历程。

截至 2018 年 7 月底，全国网络贷款行业正常运营平台数量比 2017 年年底减少了 30%，全年正常运营平台数量保持下降趋势。作为平台整改的步伐一直没有停止，预计在年底网络借贷行业操作平台数量将继续下降，根据报告和合规率，如果按目前的下降速度持续的话，2019 年或继续下降 30%。

2018 年 7 月，广东、北京和上海的平台数量方面分别位居前三，达到 473 个平台、461 个平台、331 个平台。平台的集中度在一年内得到加强，在浙江、山东和江苏均有超过 100 个正常操作平台。2018 年 7 月，这三个地区的正常操作平台的数量分别为 280、118 和 100。

2018 年，随着 P2P 网络借贷行业重组，进一步退出的平台高于 2017 年的数量。然而，我们可以看到，与往年相比，在 2018 年的平台暂停整改类型数量远超过跑路平台和因其他一些问题倒闭的平台，这也预示着行业正朝着更加良性的方向。

2018年，P2P网络借贷行业经历了自2007年以来经历了艰难的一年，但仍有大量的资金涌入。据不完全统计，截至2018年7月底，网上借贷行业平台数量已达131家。对于国有企业和上市公司参与风险资本市场的平台数量分别为120和171。

随着交易量的不断增加，P2P借贷行业的贷款余额也在不断上升。由于资金主要用途仍然是"强势背景"平台，大平台贷款一般期限较长，业务增长较快，因此贷款余额显著增加。根据目前的增长趋势，预计到2018年年底，贷款行业的净贷款余额将超过1.3万亿美元。

2018年，在线贷款行业的投资者和借款人分别达到1375万和8776万，比2017年增长134.64%和207.37%。互联网借贷行业的渗透率仍然很大，2018年，由于对贷款的监管限制，许多平台已经转变为商业模式，如消费金融，因此借款人的数量增长速度远远快于投资者的数量。

由于互联网贷款行业的政策环境，2018年有大量的平台退出该行业。在研究所覆盖的30个省区市中，辽宁省正常运营平台的数量在2018年仅增加了一个。在正常运营平台数量下降的29个省区市中，山东和广东分别下降最多，分别为210和183，而其他省区市下降不到100。

2018年网上贷款总额比2017年网上贷款总额高出110%，P2P网络贷款行业累计营业额连续超过2万亿元和3万亿元，月营业额超过2000亿元。"双11"网络贷款行业再次突破100亿元，实现116亿元，这一系列结果反映出P2P借贷行业仍在增长。大量投资者赞成这一事实。

根据8月的月营业额趋势，除2月和10月的季节性因素外，年营业额呈上升趋势。从2018年1月到2018年7月，网上贷款平均每月增长5.15%，比2017年有所放缓，反映了该行业的稳定健康发展。

无论是区域集中还是平台集中，P2P网络借贷产业的马太效应正在逐步显现。从集中趋势来看，有逐渐集中的趋势。

2018年7月，排名前100的平台占P2P网络借贷业务总量的78%，排名前200的平台的87%，排名前300的平台的91%。与2008年年初相比，我国股票市场呈现出不同程度的增长，其中第100次交易量增加较多，反映了第100次交易平台交易量的增加。

P2P网络借贷快速发展的主要原因有：第一，服务业属于民间借贷，因为"借贷还贷，再贷款不难"一直是中国传统的借贷观念，人们认为贷款的风险并不大。第二，P2P借贷平台具有很高的贷款利率和行业年利率。一般来说，超过15%，有的甚至高达20%，远远超出了正规金融机构的利率水平，具有很大的诱惑力。第三，一些P2P平台引入了本金担保、担保等模式，使投资者放贷心情舒畅。第四，P2P平台的投资原则是"小分散"，投资者参与其中。第五，高科技信息支撑平台运营手段低。第六，P2P高举普惠金融的旗帜，符合国家金融发展政策的趋势，起到了很好的宣传效果和社会效益，但它也吸引了一些公共慈善机构投资和加入。第七，P2P在这一轮地方金融改革中发挥了先锋作用。据不完全统计，到2018年7月，全国已经建成了近1000个P2P平台，个人贷款达300亿元。

3.3.3 P2P网络借贷产业发展中遇到的问题

P2P平台必须严格防范法律风险。P2P借贷平台最大的风险是法律风险。很多人谈论市场风险、道德风险、操作风险、信用风险等，对于正规金融机构来说，制造金融产品，这些都是可预见的风险。2017年，虽然出现了许多涉及银行金融产品和保险产品的法律事件，但背后有着强大的制度支持和信贷依赖。

与正规金融机构的纠纷相比，在P2P平台上的"淘金热""股权"等事件后法律规定不完善引起的悬念更加强烈，这显然引起了人们的关注。最根本的表现是：迄今为止，没有国家法律能够支持P2P平台作为一个金融机构。因此，P2P借贷平台必须准确定位，不能称为金融机构，而应称为金融信息服务机构。

在发展金融相关创新业务时，P2P网络借贷平台必须认真发现和防范法律风险。笔者认为，P2P网络借贷平台必须首先坚持"三不"的原则：没有存款，没有贷款，没有担保。其次，要自觉规范产品研发、推广，尽量不要引起太多公众关注，不要推出有争议的所谓财务计划或转债套装等产品，确保法律红线不触及，不突破反渗透。最后，P2P和小额信贷还应注意保护金融消费者的安全和隐私，防止合同欺诈。加强对金融消费者和投资者的教育，引导他们理性对待投资，以更平和、稳定的态度投资和管理金融。

3.3.4　P2P 网络借贷产业的未来发展趋势

从长远来看，互联网金融只是浪潮的开始，P2P 作为互联网金融的典型代表，保障其健康发展需要经历曲折的过程，需要消除不良网络贷款公司，打击 P2P 平台上的非法和犯罪活动。对于河北地区来说，适当的重组当前的互联网小额贷款局面后，一些大型、实力雄厚的网上贷款公司可能会合并一些中小型网上贷款公司，而以 P2P 平台为核心的公司将引进和培育一些金融服务机构，共同上下游发展。根据近年来网络金融的发展趋势，如果政策和法律环境没有明显恶化，预计在三到五年内，河北省将有可能发展成几家大型的 P2P 公司，他们可以通过特许经营和金融改革试点地区与北京和天津地区合作，并结合资本市场拿到投资后做进一步的区域扩张和功能优化。

P2P 网络贷款行业的规范化发展已成为业界的共识。目前，我国已初步形成了三条发展路径：一是通过规范民间借贷服务中心，如温州、鄂尔多斯等地设立民间借贷登记服务中心，引导 P2P 平台以公司方式结账；相关交易数据的登记和 P2P 业务的监管，这是一种监管更标准化的方式。二是通过信息服务协会的监督，这种模式在上海已经开始尝试，在当前的法律环境下，由于我国对金融机构的审批制度和准入要求严格，P2P 平台不能被定义为金融机构，因此将 P2P 平台定义为信息服务机构更为准确。三是建立 P2P 行业自律联盟。在中国成立行业协会，必须先向有关主管部门咨询，然后才能报民政部门审批。而 P2P 没有主管部门，很难通过审批。目前，一些 P2P 相关组织都是非政府组织，没有正式的背景，没有很强的监管作用，还需要依靠企业的自律。

据悉，自 2018 年以来，P2P 网络借贷平台几乎每天都有网上注册，行业发展越快，就越需要标准化和透明度。无论如何，我们都应该相信，如果 P2P 网络借贷产业成为标准的服务业，中国小额信贷的春天将真正到来，互联网金融创新的巨大能量将释放出来。

（1）集团化的发展将是 2019 年的主要基调。

互联网金融集团化或 P2P 融入金融集团并不是什么新鲜事。从赵堡、京东、苏宁、百度等大型电子商务平台，到今天的基层投资、PPmoney 平台集团运营。后者的基层投资、PPVN 等平台为集团管理提供了平台。前者是为了创造金融，后者是为了吸收金融。虽然它们都是集体化的，但它们的含义却截然不同。

当平台被分组时，解决方案不仅是资源短缺，而且是多维发展问题。在我们谈论这个行业之前，我们认为未来互联网金融的多元化，也许在未来，会有一个"金融门户"而不是一个纯粹的P2P网站。这个"集体"门户网站，不仅对投资者的财务管理如此简单，今后还将如何管理金融、金融产品"准确"的对接，以及投资者的教育、金融知识的普及。如果我们现在采取P2P绘画，分组的P2P将成为"艺术画廊"，所有的"绘画"投资组合欣赏来自不同的投资者。

（2）大数据的应用将在未来普及吗？

大数据会在2019年流行吗？在前面曾提到过大数据风控应用。如果平台完全依赖于大数据风控，那么它可以访问借款人的信息，降低风控劳动力的成本，并增加其他地方的业务。然而，大数据风控数据源的不稳定性、简单性和"主观判断"限制了大数据的充分应用。

然而，更重要的是，富人能够负担得起大数据，并且由于资金约束和业务模型，许多平台没有今天的大数据风控。如何让大数据普及，如何从大数据中带来方便，如何让更多的平台受益，如何让大数据更好地为P2P风控服务，将成为2018年网络风控的重中之重。

（3）中小平台仍面临巨大压力。

2018年是实现与大型平台的一致性。遵从的重要标志是访问平台记录、ICP卡和银行存款。对于大型平台，这些问题可能并不那么复杂。中小型平台的强度有限，能否按时达到标准将是摆在我们面前的一个问题。

让我们更加紧张的是，如果中小型平台比大型平台慢，它们将在起跑线上输掉。因为绝大多数投资者都一路走来，培育"黏性"投资平台的"依赖性"也是显而易见的。为了获取更多的客户资源，小型平台仍然采用宣传推广模式。然而，当投资者有"黏性"时，小平台的推广只会带来人气，不让投资者有效地生存。换句话说，是一个小平台。

综上所述，河北省正在逐步建立和完善P2P贷款行业监管，逐渐告别野蛮的增长。产业的未来发展将进一步规范化和合理化。因此，在未来的P2P网络贷款发展中，产业集中度有所提高，马太效应加剧。随着监管条例的逐步颁布和共同基金专项整改的实施，河北省网络贷款行业正式进入整改阶段，"合规"是2017年和2018年P2P网络贷款平台的首要任务。预计到2019年，P2P网络贷款总额将达到32万亿元，贷款余额可能达到1.3万亿元；运营平台的数量将取决于申请和遵守情况；如果按目前的下降速度，将减少很多。排名前100位的平台占整个P2P网络贷款行业的78%，排名前200位的平台的87%，排名前300位的平台的91%。早期野蛮发展造成的问题数量将继续减少，一些高品质的平台可以继续扩大自己的市场规模。有的综合实力差、操作不好、不符合监管要求的平台将不得不选择退出网络贷款行业。监管部门将P2P网络借贷行业定位为"小、包容"，以更好地满足中小企业和个人的投融资需求。

横向拓展投资，财富管理在线化，许可证成为关键。P2P网络借贷平台并不陌生"一站式融资"的概念，但禁止以自筹资金等金融产品筹集资金。在未来，仍然会有许多平台积极地横向扩展投资类别，P2P网络借贷平台和互联网融资平台之间的界限将越来越模糊。当然，无论是横向扩展P2P网络借贷平台的投资类别，还是财富管理公司在网上整合的过程中，许可证的获取将成为至关重要的环节，持有更多的金融许可证平台更容易获得市场的认可。

平台差异化发展趋势明显，传统实体企业布局产业+网络金融。在过去的一年里，大型平台已经开始走向P2P，不局限于P2P网络借贷业务，仅在2018年下半年，才有PPMoney融资、快乐贷款、爱情贷款、团体贷款网络实现团体升级。与大型平台相比，中小型平台在水平发展上没有优势，资金不足。此外，产业与网络金融的结合已经成为传统实体企业寻求突破的主要形式之一。为了整合供应链、寻求业务创新、提高盈利能力等考虑，许多传统实体都希望通过互联网金融平台或P2P网络借贷平台来构建良好的产业链金融生态系统。预计未来传统产业+网络金融将继续发展，网络金融或P2P网络贷款产业将有效地渗透到各个传统领域的实体经济中。

并购浪潮正在加速。P2P网络借贷行业监管日益严格，行业洗牌不断加强，为了生存，或者为了进一步发展，越来越多的平台会选择战略合作，或者通过并购实现"暖身"。在激烈的竞争形势下，中小企业平台的生存空间将会受到挤压，行业内将出现大量的并购，全国各地中小平台都有一定的并购价值。随着行业洗牌的深入，P2P网络借贷平台将购买更多的金融公司。为了实现快速转型，许多平台将选择购买有牌照的金融公司。未来，将有更多的平台来收购其他金融公司来拓展业务。

数据驱动在未来，信贷将迎来新一轮的发展机遇。2018年下半年校园贷款案件的不断发酵，反映了河北省市场信用市场的不成熟。由于数据质量、规模和技术的限制，细分公司的优势并不明显。大多数信用公司主要提供信用报告、黑名单或反欺诈服务，缺乏重复贷款的信用报告服务。此外，该条例要求同一借款人在不同的 P2P 网络借贷平台上控制借贷余额，并且需要能够识别同一借款人的重复借贷行为，但是用于重复借贷识别的单个网络借贷平台是有限的。因此，实施跨平台贷款额度规章制度仍然需要更多地依靠市场上的第三方信用机构，或者政府主导相应的信用体系的发展。未来，信用评级行业也将迎来新一轮的发展机遇。

3.4 智慧金融

在过去 10 年多的时间里，我们可以清楚地感受到金融业经历了几个阶段。

第一阶段是金融信息化阶段，金融机构利用网络技术和数据库技术采集数据，通过信息化实现服务效率的提高。

第二阶段是金融互联网阶段，从 20 世纪 90 年代后期开始，利用网上银行，金融互联网将从提高服务效率，方便快捷方面改进。

第三阶段是金融科技阶段。自 2013 年始，我们不带钱包出门，在手机上购买金融产品只需几秒钟。

而第四阶段则是智慧金融阶段，正在加速向我们走来，包括物联网、云存储、大数据、区块链等新技术的应用，从底层金融的定性变化来影响。

3.4.1 智慧金融的发展与演进

高科技不再仅仅是金融服务向计算机和移动电话的转移，而是与金融产业链紧密结合。区块链、大数据、人工智能、物联网等新技术将成为支持未来智慧金融的基础技术之一。随着科学技术的发展，智慧金融作为传统金融业的"润滑剂"，发挥着越来越重要的作用。智慧金融对促进区域经济其他产业的发展起到了很好的作用，可以实现投资双赢的效果。

人工智能、物联网和区块链将成为智慧金融的"基础设施"。金融业本身就是一个数字产业。为了实现智慧金融的状态，我们需要数据和技术来驱动它。技术和数据的应用水平决定了智慧金融的发展阶段。

智慧金融的演进可以分为四个阶段：

（1）金融信息化为金融基础设施提供了基础保障。

（2）互联网金融促进用户体验，培养使用习惯。

（3）金融技术结合了人工智能、区块链和新兴技术，如金融服务。

（4）智慧金融使技术和金融高度集成，促进了相关生态系统的发展。

金融信息化是指传统的金融机构利用计算机和网络技术来实现传统服务，如我们通常使用的自动取款机是一种金融信息化。网络金融是指继互联网支付场景和相关业务之后从互联网衍生出来的金融服务，如网上支付、网上借贷、网络保险等。现在我们进入了互联网金融的下一个阶段，金融科技的舞台。在金融技术阶段，金融服务不再只是将传统的金融服务转移到互联网和移动电话上。相反，诸如物联网、大数据、机器学习和区块链等新兴技术正被用于解决金融问题。

随着信息技术的快速发展和广泛应用，金融数据规模爆炸式增长，存储单元从原来的 GB 级到目前的 PB、EB 级。大数据、云计算、人工智能、物联网、区块链等新兴技术相互依存、相互加强，成为智能金融技术的基本实现。任何一种技术创新都不是一种独立的、无所不能的政策，各种技术的相互促进为金融服务的创新和发展提供了巨大的"技术工具箱"。然而，当获得处理后的数据时，有必要从人工智能技术中得出结论。

在数据采集方面，物联网解决了金融"数字世界"如何准确反映现实世界的问题。在大规模数据传输、存储和交换中，区块链解决了可信性、安全性和匿名性问题。借助于诸如大数据、云计算和人工智能等先进技术，金融服务将能够实现"数千人"和更深入地感知客户需求和识别客户行为。

3.4.2 智慧金融的发展现状

从全国范围来看，广东省在所有省市自治区中的智慧金融指数排名第一，遥遥领先于其他省份。江苏、浙江、山东和北京分别排名 2~5 位。5 个省市智慧金融指数占 42.89%，比其他省区市更明显。6~10 个省区市分别是福建、上海、河南、河北和四川。根据区域划分，我国东部地区智慧金融发展水平较高，占总指数的 33.64%。华南和华北地区分别占比为 21.35% 和 17.19%。与沿海地区相比，中国的中部、西南部、东北部和西北部相对落后。成都、重庆、西安、武汉等中心城市在这些地区十分突出，促进了区域智慧金融的发展。

基于该指标的聚类分析，根据我国智慧金融的发展水平，将351个城市划分为五个层次。北京、深圳、上海和广州构成了智慧金融的一线城市。四个一线城市占总指数的20.20%。成都、东莞、郑州、重庆、西安、苏州、杭州、佛山、长沙、武汉、泉州、福州、南京、天津、厦门、沈阳共16个智慧金融二线城市，占总指数的23.37%。温州、昆明、石家庄等18个城市构成了三级智慧金融城市，占总指数的15.04%。南昌、临沂、台州等68个城市构成了智慧金融四级城市，占总指数的22.22%。全国其他245个城市构成了智慧金融五级城市，占总指数的19.16%。中国的知识经济地图正在出现。

2017年，以产业链和金融云为代表的金融技术创新发展迅速。一年内，腾讯从0家连锁店增加到800家，完成了从0家到1家的跨越。金融云接入提供商总数增加了197%。这些金融科技企业高度集中在一线城市。北京、上海和深圳都有著名的金融中心，形成第一梯队。三市关联企业数量分别占全国企业总数的45.4%和金融云企业总数的53.1%。杭州和广州构成第二梯队。总体水平与第一梯队存在一定差距，但总体水平仍远高于其他城市。根据回归模型，每当智慧金融指数上升时，国内生产总值就增加约2013亿美元。

发展智慧金融可以创造新的经济增长点，激发潜力，促进区域经济的快速发展。智慧金融水平越高，经济水平越高。以山东省为例，山东省作为我国重要的经济省份，2017年GDP增长7.5%，位居第三，经济发展势头良好。2017年，山东已成为新老能源转换的综合试验区。2018年，山东省启动了新老能源改造总动员大会。为了到2022年基本形成以电力为基础的经济发展新格局，详细颁布了《总体规划》和《实施计划》。全面提高质量和效率，全面提高创新能力，全面改善生态环境，全面建立动能转化体系和机制，综合形成农业优势。从2016年和2017年的智慧金融数据看，山东省微信支付交易在15个城市超过了全国平均增长率，其中莱芜市的增长率高达58.46%。2017年，青岛有10家注册开放平台公司，占全国城市总数的95%以上。

与传统金融不同，智能金融的产品将从用户的角度考虑消费者更想要的金融产品和服务。

3.4.3 智慧金融的应用与展望

智能金融的服务和盈利能力不容小觑。零售业的运输、医疗、综合效益和智能零售是不同的。金融的本质是实体经济的"润滑剂",互联网是一切事物的"联结体"。两者都可以开放,使金融以外的行业更加顺畅。智能金融正日益成为渗透各种交易、产生创新服务和新商业模式的低级技术和基础设施。例如,如果没有普及扫码支付,共享自行车产业将不会出现。

以腾讯微保险为例,微保险是保险业探索腾讯核心竞争力、出口环节、数据、安全、解决方案设计、保险产品开发和定价阶段的双赢平台。微保险通过网络生态中积累的人口统计属性、社会形象、行为习惯、兴趣爱好等数据资源,将大量的数据分析整合到用户投保的整个过程中。保险前的准确营销、保险中的准确定价与反欺诈、保险后的准确更新与索赔控制,为用户提供更加智能的保险服务。"保险"是腾讯第一家控股的保险平台,通过与国内保险公司的合作,使得用户可以通过微信、QQ等人寿服务平台,进行保险采购、查询和索赔。目前,互联网上的微型保险产品包括微型医疗保险(医疗保险、重大疾病保险)、微型汽车保险(驾驶意外保险)。

无论是网络金融、金融技术还是智能金融的未来,都是技术驱动的金融服务模式的创新。智慧金融与传统金融体系的关系不是简单的竞争,而是一种"强化"的关系。同时,适当地通过与金融领域的上下游企业的交流与合作,也能促进总体资本投资,服务整个金融行业继续健康发展。

第 4 章 京津冀金融行业主要技术应用分析

4.1 云计算在金融科技中的应用

金融科技首先是金融系统的信息化，而信息化需要强大可靠的基础设施平台。云计算技术能够为金融信息系统提供统一存储和计算平台，有效整合金融机构内在、外延的多个信息系统，融通数据，消除"信息孤岛"，在充分考虑信息安全、整合业务、监管合规、数据隔离、数据融合和中立性等要求的情况下，为机构处理突发业务需求、整合业务数据、部署业务快速上线，实现业务创新改革、以数据创造金融价值提供有力支持。

4.1.1 云计算模型

云计算包含三个主要类型，通常被称作：基础设施即服务（IaaS）、平台即服务（PaaS）和软件即服务（SaaS）。三种类型的特点和应用场景分别为：

（1）基础设施即服务（IaaS）。基础设施即服务有时缩写为 IaaS，包含云 IT 的基本构建块，通常提供对联网功能、计算机（虚拟或专用硬件）以及数据存储空间的访问。基础设施即服务提供最高等级的灵活性和对 IT 资源的管理控制，其机制与现今众多 IT 部门和开发人员所熟悉的现有 IT 资源最为接近。IaaS 可以为金融系统提供底层基础设施服务，降低硬件部署成本，提升底层硬件可靠性，并且从硬件存储和计算层次为金融系统提供弹性支撑。

（2）平台即服务（PaaS）。平台即服务消除了组织对底层基础设施（一般是硬件和操作系统）的管理需要，让您可以将更多精力放在应用程序的部署和管理上。这有助于提高效率，因为应用 PaaS 可以不用过多关注资源购置、容量规划、软件维护、补丁安装或任何与应用程序运行有关的不能产生价值的繁重工作。在 IaaS 基础上构建高层次的 PaaS 平台，可以为金融系统提供平台级别的支持，包括 Web 容器、数据库服务等；一般来说，金融系统服务并不是直接搭建在硬件和操作系统级别的平台上，而是依托应用容器。而 PaaS 即弹性可控的应用容器云平台，基于 PaaS，可以为各种金融应用屏蔽底层细节，根据其对计算、存储、网络等硬件资源的动态需求而提供动态支持。

（3）软件即服务（SaaS）。软件即服务提供一种完善的产品，其运行和管理皆由服务提供商负责。在现代信息系统开发过程中，系统往往由多种组件组成，而多种组件又往往由不同的供应商提供，组件化编程是现代软件开发的成熟、先进的方式。而进行金融信息开发过程中，也存在多种依赖的情况，如依赖于公安系统的身份识别子系统、依赖于第三方的风险控制系统、依赖于数据服务商提供的个性化画像分析；组合不同组件供应商的软件，最好的方式是将其作为服务或接口整合到系统中，只要系统的接口设计得足够完备、灵活，软件服务可以随时根据需要进行升级、更换。软件即服务（SaaS）提供的不仅仅是一种租用式、共享式的软件服务，更为大型的金融信息系统的开发提供了基于接口的、可热插拔的组件化构建模式。

4.1.2 云计算在金融领域的应用价值

云计算是对信息系统运行的基础设施的计算、存储、网络等底层资源的虚拟化整合，能够为上层信息系统提供可靠的、可控的、可整合的信息服务。由于金融业务的高安全性、高弹性、数据高价值性等特点，导致在金融领域应用云计算成为当代势在必行的选择。

从国家层面来看，国家高度重视金融行业的云发展，随着国家"互联网＋"政策的落地，金融行业"互联网＋"的步伐也不断加快，同时银监会和人民银行颁布了相关的指导意见和工作目标。国务院颁布了《关于积极推进"互联网＋"行动的指导意见》，明确指出"互联网＋普惠金融"是推进方向，鼓励金融机构利用云计算移动互联网大数据等技术手段加快金融产品和服务创新。银监会颁布了《中国银行业信息科技"十三五"发展规划监管指导意见》，首次对银行业云计算明确发布了监管意见，是中国金融云建设的里程碑事件，明确提出积极开展云计算架构规划，主动和稳步实施架构迁移。正式支持金融行业公有云，除了金融私有云之外，银监会第一次强调行业云的概念，正式表态支持金融行业云的发展。人民银行颁布了《中国金融业信息技术"十三五"发展规划》，要求落实推动新技术应用，促进金融创新发展，稳步推进系统架构和云计算技术应用研究。

在金融领域应用云计算主要价值有：

（1）有效降低金融机构IT成本/性能。云计算通过虚拟化技术将物理IT设备虚拟成IT能力资源池，以整个资源池的能力来满足金融机构算力和存储的需求。在物理设备上，云计算采用多服务器和磁盘阵列作为基础设施。此外，通过云操作系统可以实现IT设备的负载均衡，提高单位IT设备的使用效率，降低单位信息化成本。因此，在IT性能相同的情况下，云计算架构的性价比远高于以大型机和小型机作为基础设施的传统金融架构。

（2）具有高可靠性和高可扩展性。传统金融架构强调稳定性，扩展能力相对较差。在基础资源上，大型机或小型机只能纵向扩展提升能力（scale - up），不能实现更加灵活的横向扩展（scale - out）。因此，随着业务需求增加，服务器越来越大，且交付时间越来越长。传统应用架构强调单体应用，数据库强调数据强一致性，可扩展性差。在可靠性上，云计算可以通过数据多副本容错、计算节点同构可互换等措施，有效保障金融企业服务的可靠性；在可扩展性上，云计算支持通过添加服务器和存储等IT设备实现性能提升，快速满足金融企业应用规模上升和用户高速增长的需求。

（3）运维自动化程度较高。目前，主流的云计算操作系统都设有监控模块。云计算操作系统通过统一的平台管理金融企业内服务器、存储和网络设备。通过设备的集中管控，可以显著提升企业对IT设备的管理能力，有助于实现精益管理。此外，通过标签技术可以精准定位出现故障的物理设备。通过现场设备更换可以快速实现故障排除。传统金融架构下，若设备发生故障，基本每次都需要联系厂家进行维修，缺少自主维护能力。

（4）大数据和人工智能的支撑技术。云计算技术可以帮助金融机构通过统一平台，承载或管理内部所有的信息系统，消除"信息孤岛"。此外，信息系统的联通可以将保存在各系统的数据集中到一起，形成"数据仓库"，从而实现内部数据的集中化管理。如果说大数据是金矿，金融云则可被看作是矿井。矿井的安全性、可靠性直接决定了金矿的开采效率。此外，云计算还为大数据和人工智能技术提供便利且可扩展的算力和存储能力。

4.1.3 传统金融行业的云计算应用

金融科技可以从两端的融合来看，一种是传统金融行业拥抱科技，在原有业务上进行创业，发展金融科技；另一种是新兴科技行业，尤其是互联网企业，因为既成事实的技术优势和 TOC 的优势，在其技术基础和客户基础上，在国家法定范围内，通过"技术+牌照"的方式，融合金融业务是主流的趋势，也是当前金融科技发展的核心推动力量。而相比之下，传统金融行业在金融科技的发展上往往小心谨慎。而国家监管部门一直在大力推动金融科技的发展，我国金融监管部门，对于以云计算为代表的创新技术，一直秉持开放态度，主管部门积极推行金融行业尤其是银行业的"上云之路"。

推动"上云"的政策趋向，最早可以追溯到 2014 年。彼时，银监会、发改委、科技部、工信部联合出台《关于应用安全可控信息技术加强银行业网络安全和信息化建设的指导意见》（以下简称《指导意见》），要求从 2015 年起，各银行业金融机构对安全可控信息技术的应用以不低于 15% 的比例逐年增加，直至 2019 年达到不低于 75% 的总体占比。2014 年的《指导意见》，延续到国务院 2015 年出台的《关于积极推进"互联网+"行动的指导意见》中，探索推进互联网金融云服务平台建设。国务院的《关于积极推进"互联网+"行动的指导意见》，得到了中国银监会的进一步细化和明确。

2016 年，银监会出台了《中国银行业信息科技"十三五"发展规划监管指导意见》（以下简称《规划》）。云计算是《规划》重点提及的内容之一。《规划》表示，探索构建私有云平台，形成资源弹性供给、灵活调度和动态计量的私有云平台。在私有云之外，银监会还强调"行业公共云"。《规划》指出，联合开展面向银行业的公共云平台规划和建设，形成公共基础设施、公共接口、公共应用等一批技术公共服务。这份《规划》提出了银行业上云的明确目标，指出银行业应稳步实施架构迁移，到"十三五"末期，面向互联网场景的重要信息系统全部迁移至云计算架构平台，其他系统迁移比例不低于 60%。

除了政策层的督促外，对于同时受累于经济增速放缓、互联网金融冲击的银行以及其他金融机构来说，上云也成为"脱困"的不二法门。银行最早对云计算持观望态度，是因为金融机构对安全性和可靠性要求极高，容错率几乎为 0，多数银行自建平台。但自建平台运营成本高，维护复杂，设备更换以及折旧带来负担。而云计算则提供弹性计算，随用随取，快速迭代。同时，云计算公司的安全级别，也能满足银行业的安全要求。

因此，应用云计算不仅是创新型企业的优势所在，也是传统金融行业自我革新的必由之路。

4.1.4 云计算在金融领域应用的关键技术剖析

（1）云计算的基本原理。

在云计算技术架构中，核心是云计算基础设施和云计算操作系统。云计算基础设施由数据中心基础设施、物理资源和虚拟资源组成。云计算操作系统由资源管理系统和任务调度系统构成。

云计算基础设施指的是计算、存储和网络等物理资源和虚拟资源组成的资源池。云计算操作系统是对资源池中的计算、存储、网络资源进行调度和分配的软件系统，能够对各种资源进行统一管理，进而虚拟化，以构建具备高度可扩展性、能够自由分割的资源池，做到同时向云计算各服务层提供多种粒度的计算和存储能力。

（2）金融云特性。

金融行业对业务连续性、可靠性有着近乎苛刻的严厉要求，它的实现涉及管理制度、技术方案和物理设施等多个层次，要确保这些关键职能在任何环境下都能持续发挥作用。这就使得金融机构对IT系统的稳定性、可用性、网络时延性以及数据安全性具有更高的要求。银行、券商等金融机构的关键业务系统如果停机10分钟以上，就属于极度严重的金融事故，会造成巨大的经济损失。

物理设备层，大型金融机构经过数十年的信息化建设，拥有非常复杂的IT基础设施体系，包括多种服务器、专业数据存储和隔离化的网络等。虚拟化层，不同的设备拥有各自的虚拟化软件，各类设备组成多个资源池。因此，金融机构需要一个多云管理平台来统一管理这些IT资源，以实现内部系统的打通和数据的整合。

为满足业务连续性要求，金融企业还要建立完善的灾难备份和灾难恢复体系。灾难备份主要有三种方式，分别为同城灾备、异地灾备和两地三中心模式。通过业务和数据的备份可以减少系统停机时间，保证业务的连续运行。

（3）开源技术方案 Openstack。

金融领域应用云计算，可以选用互联网企业尤其是云计算服务商提供的云计算平台，同样可以自建云平台。而自建云平台不仅仅是购买服务器、存储、网络等硬件设备那样简单，还需要云计算虚拟化、云计算操作系统等软件的支持。一般来说，开源的云计算软件是通用的选择。其中比较流行的是 OpenStack，OpenStack 是一个面向 IaaS 层的开源项目，用于实现公有云和私有云的部署及管理。拥有众多大公司的行业背书和数以千计的社区成员，OpenStack 被看作是云计算的未来。

OpenStack 包含三个最核心的架构服务单元，分别是计算基础架构 Nova、存储基础架构 Swift 和镜像服务 Glance。

①Nova 是 OpenStack 云计算架构控制器，管理 OpenStack 云里的计算资源、网络、授权和扩展需求。Nova 不能提供本身的虚拟化功能，相反，它使用的 API 来支持虚拟机管理程序交互，并通过 web 服务接口开放它的所有功能并兼容亚马逊 web 服务的 EC2 接口。

②Swift 为 OpenStack 提供分布式的、最终一致的虚拟对象存储。通过分布式的穿过节点，Swift 有能力存储数十亿计的对象，Swift 具有内置冗余、容错管理、存档、流媒体的功能，并且高度扩展，不论大小（多个 PB 级别）和能力（对象的数量）。

③Glance 镜像服务查找和检索虚拟机的镜像系统。

OpenStack 能在企业内部提供类似公有云的平台。私有云可以基于公有云模型来构造，使得开发者同时拥有集中式 IT 控制和支配。本质上，它是两者融合的最佳平台，这也是 OpenStack 驱动的私有云的真正价值。

以 OpenStack 为代表的开源云计算平台，可以为金融行业自建行业云平台、私有云平台提供了技术支撑。

4.1.5 国内金融行业主要使用云计算的落地方式

金融行业用户对于使用云计算的关注点，首先融合式架构管理是比较重要的方面，现在金融行业使用云计算需要从外围系统到核心系统的逐步迁移，对原来广泛依赖于传统集中式的 IT 架构的金融机构而言，在未来一段很长时间内将处于集中式与分布式两种架构并存的时期。对于金融机构来说最大的挑战就是如何管理好融合式架构。另外，它们认为金融行业使用云计算的可行性分析以及实施路径规划还需要进一步研究。金融行业使用云计算多用于开发环境，关键系统并没有迁移到云上，这对云计算的效率是大打折扣的。

金融行业 IT 系统建设的历史较长，系统复杂性强，实现云化集中迁移仍须逐步进行。金融机构使用云计算技术通常采取从外围系统开始逐步迁移的实施路径。在部署顺序上，优先部署开发测试环境，其次部署生产环境。互联网金融、辅助性业务优先使用云计算架构，强一致性核心业务最后考虑上云。金融机构一般会选择从渠道类系统、客户营销类系统和经营管理类系统等辅助性系统开始尝试使用云计算服务，因为这些非金融的辅助性业务系统安全等级较低，不涉及核心业务管控风险。此外，互联网金融系统优先应用云计算架构，包括网络支付、网络小贷、P2P 网贷、消费金融等业务，这些系统基本全部需要重新建设，历史包袱相对较轻。

金融行业希望能够对云计算产品和服务建立专门的评估方法。它们现在面临主要的问题就是市面上金融行业的云计算产品和服务五花八门，无从选择，没有针对金融行业相应的专门的评估。所以说它们比较关注计算产品和服务的评估标准，希望有第三方组织帮助它们做一些评估工作，从而规避在转型中的一些风险。在这种情况下，目前国内金融行业使用云计算技术主要采取了多种模式，私有云、行业云、混合云、公有云。

（1）私有云方面。对于技术实力和经济基础比较强的大型机构，偏向于私有云的部署方式，其可以将一些核心业务系统，存储重要敏感数据部署到私有云上。一般采用购买硬件产品，基础设施解决方案方式搭建，在生产过程中实施外包驻场运维自主运维或自动运维方式。

（2）行业云方面。对中小型银行、城商行，其经济实力较弱，同时由于技术能力偏弱，通常采取行业云的方式。所谓的行业云，即通过金融机构间的基础设施领域的合作，通过资源等方面的共享，在金融行业内形成公共基础设施、公共接口、公共应用等一批技术公共服务。其用于对金融机构外部客户的数据处理服务，或为一定区域内金融机构、垂直金融机构提供资源共享服务。

（3）混合云方面。中大型金融机构倾向使用混合云，在私有云上，运行核心业务系统，存储重要敏感数据。通过购买硬件产品、虚拟化管理解决方案、容器解决方案、数据库软件、运维管理系统等方式搭建私有云平台。在生产过程中，实施外包驻场运维、自主运维或外包运维。在公有云上，运行面向互联网的营销管理类系统和渠道类系统。

（4）公有云方面。小型金融机构倾向于将全部系统放在公有云上，通过金融机构间在基础设施领域的资源合作共享，在金融行业内形成公共基础设施、公共接口、公共应用等一批公共云服务。小型金融机构一般购买云主机、云存储、云数据库、容器 PaaS 服务、金融 SaaS 应用等服务。

4.1.6 金融行业应用云计算的主要问题

金融行业应用云计算的主要问题体现在两方面。

一方面是相关监管合规要求不明确，传统金融机构 IT 系统无法适应现有云计算计算架构，原来的监管要求同样约束现在的云计算系统，有一些监管要求数据隔离，而云计算架构不能完全满足原来的监管要求，所以应该倡导相关的监管机构调整对云计算架构的监管要求。

另一方面试错风险比较高，金融行业对 IT 系统稳定性有着相当高的要求，一旦出现宕机，对事故是零容忍，也会对人民的生产生活造成较大影响，所以其对系统的迁移比较谨慎，不会一步到位地将原来的系统迁移到云上。因此，对金融机构使用云计算的试错风险，应当适当拓宽一些要求。另外，云计算在金融行业应用处于起步阶段，其中很多问题需要云计算服务商探索解决。

4.2 大数据在金融科技中的应用

大数据（big data，mega data），或称海量资料，指的是需要新处理模式才能具有更强的决策力、洞察力和流程优化能力的海量、高增长率和多样化的信息资产。在维克托·迈尔—舍恩伯格及肯尼斯·库克耶编写的《大数据时代》中，大数据不用随机分析法（抽样调查）这样的捷径，而采用所有数据进行分析处理。

4.2.1 大数据的基本概念

一般来说，大数据还可以用四个 V 来定义：

（1）Volume（大量）数据量大。当数据量指的是更多数据时，它指独特数据的粒度化性质。大数据需要处理大量低密度、非结构化的数据，如微博的数据推送、网页和移动应用上的点击流、网络流量、启用了传感器的设备捕获的环境数据等，这些数据最大的特点就是量级大。

（2）Velocity（高速）数据接收和操作的速度快。速度较高的数据通常直接流进内存中而非写入磁盘。有些物联网应用有健康运行和安全性要求，需要实时评估和操作。基于互联网的其他智能产品可实时或近似实时地运行。例如，消费类电子商务应用力求结合移动设备位置和个人偏好来开展有时效性的营销活动。在操作方面，移动应用体验的用户群体庞大、网络流量越来越高且希望立即获得响应。

（3）Variety（多样）非结构化数据类型。与传统信息管理系统 MIS 中最常用的结构化数据不同，大数据还包括文本、音频和视频等非结构化或半结构化的数据类型，这类数据需要进行更多处理才能提取出有意义、可计算的数据。非结构化数据在经过分析处理后有着与结构化数据相同的许多要求，如汇总、来历追溯、可审核性和私密性。当已知来源的数据发生变化但没有通知时，复杂性将进一步提高。

（4）Value（价值）数据的内在价值。通过各种量化技术和分析统计技巧发现数据的价值，如从发现消费者偏好或舆情，到按位置开展相关营销，或者识别要发生故障的设备。技术突破已经使数据存储和计算的成本大幅降低，因此能够提供充足的数据来对整个数据集进行统计分析，而以前只是对样本进行统计分析。这种技术突破使得更精准的决策成为可能。不过，发现价值还需要新的发现过程，牵涉机敏而有见地的分析人员、业务用户和高管。真正的大数据挑战来自人本身，包括学习如何提出正确的问题、认可合作伙伴、做有根据的假设以及对行为进行预测。

在互联网时代，尤其是随着社交网络、移动互联网、物联网的发展，人们随时随地处于网络上，随时随地在产生多维度的数据，移动终端设备也在随时随地产生数据。这些数据具有巨大的价值，通过数据可以对人、事、物进行全面的描述。而在金融领域，金融业务本身产生数据，这些数据能够对既定的业务进行分析评估；金融业务的开展依赖于数据，如风险控制，现代化的风控可以随时动态地进行，很大原因在于多维度数据的在线获取。大数据为金融行业提供了稳健发展的土壤，国内外金融行业已经对大数据应用进行了成熟的探索。

4.2.2 大数据在金融领域的应用价值

大数据描述了一个整体信息管理战略,其中包含并集成了众多新的数据、数据管理以及传统数据类型。金融行业是最早应用信息技术的行业之一,金融领域的大数据既包括原有信息系统数据,也包含业务相关的互联网产生的数据,主要有:

(1) 传统金融信息系统的业务数据。其一般为结构化的业务数据,但由于多子系统的存在,往往呈现"信息孤岛",需要使用大数据处理的方式进行整合,以"数据仓库"的形式进行存储、分析,以发现整体价值。

(2) 传统金融信息系统的监控数据。金融行业的信息系统以安全可靠著称,在传统金融信息系统运行过程中,除了业务数据外,还存在多种监控数据,如操作日志、客户浏览日志等,这些数据的特点是"量大""价值低",以往这类数据存在的价值仅在于安全备查等,而对大量的此类数据以及相关联的业务数据进行联系,可以通过大数据分析的方式发现更多规律、更多有价值的信息。

(3) 社交网络、移动互联网等产生的用户数据。金融业务的个人客户数据以往多为结构化、半结构化的数据,且多为静态、时效性较差的数据,而随社交网络、移动互联网的发展,使得个人数据可以随时产生、随时获取;阿里巴巴、腾讯等互联网企业的金融业务发展迅猛,在很大程度上在于其拥有个人在线数据的直接获取权。

(4) 互联网、物联网等产生的行业相关的数据。动态发展的各个行业都会在互联网上产生数据,金融业务天然与其他行业结合,通过对互联网上的各个行业数据的抓取,有助于金融行业对其他行业政策做出随时的动态调整;对于传统行业,如煤炭、土木、农业等,物联网的发展使其能够将感知数据、控制数据上线,实现智能感知、智能控制,而这些数据除了作为企业自身业务数据外,还能作其竞争力的评估数据为相关的金融行业所用。

(5) 提高决策效率。大数据分析可以帮助金融机构实施基于事实的业务方法。大数据可以帮助金融机构逐步从静态现象分析和预测过渡到基于数据场景的动态决策建议,从而对市场变化做出更准确的反应。

(6) 加强资产管理能力。传统数据库广泛用于金融机构。通过大数据基础设施平台的建设,可以在一些场景中替代传统的数据库,实现文本、图片、视频等更加多样化的数据存储和分析，有效提高金融结构数据资产管理能力。

（7）精准营销服务。在网络金融模式的影响下，整个金融行业正处于一个迫在眉睫的重构模式，基于数据微操作和产品创新的需求，该行业的竞争日趋激烈。大数据可以帮助金融机构更好地识别客户需求，创造良好的客户体验，提高综合竞争力。

（8）风险控制管理。大数据技术可以帮助金融机构数量收集客户信息相关数据分析，来识别可疑信息和违规行为，加强风险预测和预防和控制功能，在使用更少风险控制人员条件，导致更有效和可靠的风险控制管理。

4.2.3 大数据在金融领域应用的关键技术剖析

（1）大数据技术原理。

大数据能够提供数据集成、数据存储、数据计算、数据管理和数据分析等功能，具备随着数据规模扩大进行横向扩展的能力。从功能角度，大数据技术主要分为数据接入、数据存储、数据计算、数据分析四层，以及资源管理功能。以下对各个功能进行解释：

①数据采集，负责数据的采集、传输工作。大规模的数据经过数据采集步骤后，才能够进入大数据平台，从而进行后续处理。数据采集的方式有多种，可以为原有系统的数据导出并进行格式转换，可以从公网进行数据爬取，也可以是物联网提供的传感数据；数据采集的方式可以采用同步、异步的方式，与数据产生的形式以及网络连接情况相关。

②数据存储，负责大规模数据的存储工作。主要利用分布式和多副本策略保证 TB、PB 量级的数据安全有效地进行存储，从而为数据分析提供底层支持。因为数据量大，且数据的结构不固定，可能为结构化的数据，可能为半结构化的数据，可能为非结构化的数据，使用传统的数据库的存储方案不再支持；一般会采用数据仓库的形式进行存储。

③数据计算，负责大规模数据的计算工作。利用分布式和规范化的编程框架，将单机难以处理的数据分散到多台机器上进行分析处理，从而使大规模数据挖掘成为可能。由于数据量大，单机串行计算大数据不再可能，传统的并行计算技术又需要程序员具有较强的编程能力、体系结构理解、分布式系统理解，使得传统的并行计算开发门槛很高；而 MapReduce 计算框架可以解决此问题。

④数据分析，负责大规模数据的业务应用。与具体业务场景相结合，通过统计分析、深度学习等上层数据应用技术，将大数据转化为有价值的信息，实现业务增值。数据分析往往综合多方面人员的能力，包括业务人员对业务的理解、统计学专家对数据的建模、程序员对数据的分布式计算处理。

⑤资源管理，负责大数据平台的资源管理工作。利用调度队列，实时监测等机制，及时发现大数据平台中的服务器健康状况并自动化调度，保证集群工作质量。

（2）金融大数据的特点。

金融机构的业务需要大数据平台具有实时计算能力。目前金融机构最常用的大数据应用场景包括精准营销、实时风险控制、交易预警、反欺诈业务等，都需要实时计算支持。大数据分析平台可以覆盖金融企业现有客户和部分优质潜在客户，对客户进行画像和实时动态监控，构建主动、高效、智能化的营销和风险控制系统。

财务数据可以分为三种类型：结构化数据、半结构化数据和非结构化数据。

①结构化学数据。结构化数据来源于金融企业运营数据库。Hadoop 等应用程序可以迁移和存储数月甚至数年的历史数据。在分布式存储结构下，可以大大提高结构化数据的存储和计算能力。分析海量的线下数据，最大限度地发挥线下数据优势，为金融企业用户提供最全面的数据支持，打造三维用户画像。

②半结构化数据。半结构化数据的集成是数据集成中最复杂的部分。金融企业可以访问不同类型的数据库或外部组织提供的离线文件中的数据。处理多源异构数据是项目中最困难的部分。数据集成后，可以快速进行建模和分析。半结构化数据涉及金融企业原有多个子系统的数据融合。

③非结构化数据。金融业对非结构化过程的处理方法很原始。非结构化数据涵盖范围广泛的数据，包括新闻、视频、图像和社交网络。

为了实现数据驱动，金融企业需要一个定制化的技术平台。首先，金融企业要进行顶层设计，将技术与业务相结合，将技术应用于企业价值链的各个场景。其次，金融企业需要大规模改革金融体系。为了实现数据聚合，需要将原本存储在数百个信息系统中的数据进行集成，需要重新设计和搭建数据采集、存储和传输的体系结构。最后，金融大数据需要更好的安全措施。金融数据的泄露和篡改，可能造成系统性金融风险，甚至危及社会稳定。一些数据，如金融交易的用户身份验证和支付授权信息，需要在整个过程中进行加密。

（3）大数据在金融领域的应用场景。

大数据技术的应用可以提升金融行业的资源配置效率，强化其风险管控能力，能够有效促进金融业务的创新发展。从具体应用场景来说，金融大数据可以在银行业、证券行业、保险行业、支付清算行业和互联网金融行业进行应用。

①大数据在银行业中的应用。

第一，信贷风险评估。传统风险评估方法是银行基于过往的信贷数据和交易数据等静态数据对企业客户的违约风险进行评估，这种方式缺少前瞻性。大数据风险评估方法则考虑了银行内部已掌握的客户相关信息，也考虑了外部机构的信息，如人行征信信息、客户公共评价、商务经营、收支消费、社会关联等商业银行贷款风险评估资源。因此，大数据信贷风险评估更趋近于事实，更可以识别客户需求、估算客户价值、判断客户优劣、预测客户违约风险。

第二，供应链金融。供应链金融的风险控制从授信主体向整个链条转变。供应链金融可以由资产优质、资金充足和授信额度高的核心企业做担保，以产品或应收账款做质押，帮助上下游企业获得资金。银行利用大数据技术分析企业之间的关系图谱，进行关联企业分析及风险控制；银行以核心企业为切入点，将供应链上的多个关键企业作为一个整体。利用交往圈分析模型，持续观察企业间的通信交往数据变化情况，通过与基线数据的对比来洞察异常的交往动态，评估供应链的健康度及企业贷后风险。

②大数据在证券行业中的应用。

第一，股市行情预测。证券企业应用大数据对海量数据进行持续性跟踪监测，对账本投资收益率、持仓率、资金流动情况等一系列指标进行统计分析，拓宽证券企业量化投资数据维度，构建投研模型，对股票市场行情进行预测。

第二，股价预测。证券行业沿用罗伯特·席勒的投资模型，模型中主要参考三个变量：投资项目计划的现金流、公司资本的估算成本、股票市场对投资的反应（市场情绪）。市场本身带有主观判断因素，而大数据技术可以收集并分析社交网络如微博、朋友圈、专业论坛等渠道上的结构化和非结构化数据，了解市场对特定企业的观感，获得股票市场对投资的反应。

③大数据在保险行业中的应用。

第一，骗保识别。赔付管理一直是保险企业的关注点。赔付中的"异常值"（即超大额赔付）是推高赔付成本的主要驱动因素之一。保险欺诈严重损害了保险公司的利益，传统的保险欺诈专项调查往往耗费大量时间。保险企业借助大数据手段，可以建立保险欺诈识别模型，筛选疑似诈骗索赔案例，再展开调查，调高调查效率。此外，保险企业可以结合内部、第三方和社交媒体等数据进行异常值检测，包括客户的健康状况、财产状况、理赔记录等，及时采取干预措施，减少先期赔付。

第二，风险定价。保险企业对保费的定义是基于对一个群体的风险判断。大数据为风险判断带来前所未有的创新，保险公司通过大数据分析可以解决风险管理问题。例如，通过智能监控装置搜集驾驶者的行车数据；通过社交媒体搜集驾驶者的行为数据；通过医疗系统搜集驾驶者的健康数据。以这些数据为出发点对客户进行风险判断，制定灵活定价模式，提高客户粘性。

④大数据在支付清算行业中的应用。

第一，交易欺诈识别。面对盗刷和金融诈骗案件频发的现状，支付清算企业交易诈骗识别挑战巨大。大数据可以利用账户基本信息、交易历史、位置历史、历史行为模式、正在发生行为模式等，结合智能规则引擎进行实时的交易反欺诈分析。整个技术实现流程为实时采集行为日志、实时计算行为特征、实时判断欺诈等级、实时触发风控决策、案件归并形成闭环。

第二，数据资产变现。目前，支付服务的客户渗透率越来越高。人们大量使用移动设备进行网上小额支付，支付清算行业真正的"金矿"就是这些高价值的用户消费数据。这些数据不仅可以将应用于支付清算业务的优化，还可以直接转化成资产用于分析了解客户的"消费路径"，包括客户进行日常消费时的典型顺序、购物地点、购买内容和购物顺序。通过对数据进行关联分析，将分析结果销售给商家或营销公司，实现数据资产变现。

⑤大数据在互联网金融行业中的应用。

第一，精准营销。在移动互联网时代，客户在消费需求和消费行为上快速转变。在消费需求上，客户需求出现细化；在消费行为上，客户消费渠道多样化。因此，互联网金融企业急需一种更为精准的营销解决方案。具体来讲，互联网金融行业精准营销的应用目标主要为三点：一是精准定位营销对象；二是精准提供智能决策方案；三是精准业务流程，实现精准营销的"一站式"操作。

第二,"黑色"产业防范。每一种大数据在金融领域的应用场景名称后面都应加逗号。不法分子利用这一特点,虚假注册、利用网络购买的身份信息与银行卡进行套现,"多头借贷"乃至开发电脑程序骗取贷款等已经形成了一条"黑色"产业链。大数据能够帮助企业掌握互联网金融黑产的行为特点,从业人员规模、团伙地域化分布以及专业化工具等情况,并制定有针对性的策略,识别黑色产业链和减少损失。

第三,消费信贷。消费信贷具有小额、分散、高频、无抵押和利息跨度极大的特点。贷款额度可以小到100元人民币;一家机构一天放贷数量可能达到数万到数十万笔;90%以上是纯信用贷,只能依靠数据进行审批;年化利率从4%到500%的都有,大数据需要贯穿到客户全生命周期的始末。基于大数据的自动评分模型、自动审批系统和催收系统可以弥补无信用记录客户的缺失信贷数据。

4.2.4 大数据在金融领域的落地方式

在金融领域落地大数据,大体需要解决由下而上的三个问题:建立完善的大数据基础设施环境,为大数据存储和处理提供平台基础;结合金融数据问题的关键技术突破;结合金融业务问题实现金融大数据常用的解决方案。

(1) 大数据基础设施建设。

在金融行业进行大数据基础设施的建设与其他行业类似,一般都采用开源且成熟的方案,即 Hadoop 生态系统。Hadoop 大数据平台其实源于 Google 的 GFS（Google FileSystem）、MapReduce 计算模型、BigTable 数据库三篇技术论文,并由 Apache 开源组织支持,在业界应用最为广泛。

Hadoop 是一个分布式的数据存储、分析的平台,由底层的 HDFS、MapReduce 计算模型、Yarn 管理系统、Zookeeper 锁机制及其基础上的 Hive 数据仓库等多种软件组成。最重要的是 Hadoop 提供了分布式存储和分布式计算模型。

①分布式存储模型（HDFS）。

Hadoop 分布式存储模型 HDFS 是整个 Hadoop 生态系统的基础,这是一个分布式文件系统,设计用于在商品硬件上运行。它与现有的分布式文件系统有许多共同之处。与此同时,它与其他分布式文件系统却非常不同。HDFS

是一个高度容错的系统，适合部署在廉价的机器上。HDFS 提供高吞吐量的数据访问，非常适合大型数据集上的应用程序。HDFS 解放了 POSIX 约束的一部分，以实现流文件系统数据为目的。HDFS 是 Apache Hadoop 核心项目的一部分。

HDFS 是容错的，设计为部署在低成本硬件上。它为访问应用程序数据提供了高吞吐量，适用于具有大数据集的应用程序。HDFS 放宽了在文件系统中实现数据流访问的要求。HDFS 的主要技术特性包括：

在计算机集群的情况下，硬件故障是自动检测的，硬件故障是常态，不是例外。整个 HDFS 系统将由数百或数千台存储文件数据片段的服务器组成。实际上，它有一个非常大的组件，每个组件都可能失败，这意味着 HDFS 中总有一些组件会失败。因此，故障检测和自动快速恢复是 HDFS 的核心设计目标。

在 HDFS 上运行的面向性能的数据访问应用程序必须优化它们的数据集，而且它不是在普通文件系统上运行的普通程序。HDFS 是为批量处理而设计的，而不是为用户交互而设计的。其重点是数据吞吐量，而不是数据访问的响应时间，许多 POSIX 的硬需求对于 HDFS 应用程序来说并不是必需的，删除一小部分 POSIX 关键语义可允许更好的数据吞吐量。

能够支持运行。在 HDFS 上的大数据集的程序具有大数据集，典型的 HDFS 文件大小在 GB 和 TB 之间，因此，HDFS 被调整为支持大文件，它应该提供高聚合数据带宽、集群中的数百个节点和集群中的数千万个文件。

简单的一致性。大多数 HDFS 程序需要文件操作的读写模式，一旦创建、编写和关闭了一个文件，就不需要进行任何修改。这个假设简化了数据一致性问题，使高吞吐量数据访问成为可能。map – reduce 程序或 web 爬虫程序可以完美地匹配这个模型。

②分布式计算模型（MapReduce）。

在大数据处理过程中，由于数据量极其大的特点，导致单机不可能完成数据处理的任务，必须由多台机器配合完成。而这种分布式计算程序的编写往往需要程序员具有较强的体系结构知识、网络知识以及很强的编程能力，开发门槛较高。为降低大数据处理门槛，大数据处理平台 Hadoop 提供了 MapReduce 计算模型，用户只需要按照 MapReuce 模型提供的接口和逻辑编写数据处理程序，底层的跨机器之间的数据传送、同步等问题都交由大数据引擎处理。

MapReduce 算法模型包含两个重要的任务，即 Map 和 Reduce。映射任务的输入是一组数据，这些数据被转换为另一组数据，其中组件被分解为键/值元组（键/值对）。减少任务需要映射的一小组元组输出作为输入并组合这些数据元素。MapReduce 程序分三个阶段运行，分别是 Map 阶段、shuffle 阶段、reduce 阶段。

映射阶段：映射或映射的工作是处理输入数据。通常输入数据以文件或目录的形式存储在 Hadoop 的文件系统（HDFS）中。输入文件被传递给 line mapper 函数行，映射器处理数据并创建数据的几个小块。

洗牌阶段：收集分类排序，Map 阶段的结果，因为结果的结构映射也是一个键/值，洗牌的形式是根据订单的关键和相同键的值的数组传递给主机节点在减少阶段。

减少阶段：这一阶段是洗牌，减少相结合。减速机的工作是按照程序要求处理从 shuffle 中订购的数据。处理后，它生成一组新的输出，这些输出存储在 HDFS 中。

在此过程中，处理和传输的数据以键/值的形式，数据存储介质为每个节点的硬盘。在 MapReduce 工作中，Hadoop 向集群的相应服务器发送 Map 和 Reduce 任务。框架管理数据交付，例如，在发出任务的所有节点之间的集群周围的详细信息、验证任务完成和复制数据。大多数计算发生在本地磁盘上，这会减少网络流量数据。

③与金融大数据相关的 Hadoop 高层软件。

HDFS 是 Hadoop 生态系统中底层的存储组件，MapReduce 是 Hadoop 生态系统中的底层的计算模型，熟悉这两个组件仍然需要一定的软硬件功底。在 Hadoop 平台上进行金融大数据处理时，由于数据的异构性以及金融业务的多样性，对于大数据开发者或者分析师需要拥有一种较高层次的工具，Hive、Pig 等组件就是建立在 HDFS、MapReduce 基础上的。

Hive 可以说是 Hadoop 生态系统中的数据仓库。在某种程度上数据集收集的大小并在行业用于商业智能分析正在增长，它使传统的数据仓库解决方案更加昂贵。Hadoop 与 MapReduce 框架，被用于大型数据集分析的替代解决方案。虽然，Hadoop 在庞大的数据集上工作证明是非常有用的，MapReduce 框架是非常低级别并且它需要程序员编写自定义程序，这导致难以维护和重用。而 Hive 就是为程序员设计的，Hive 演变为基于 Hadoop 的 Map - Reduce 框架之上的数据仓库解决方案。Hive 提供了类似于 SQL 的声明性语言，叫作 HiveQL，用于表达的查询。使用 Hive – SQL，用户能够非常容易地进行数据分析。

Pig 程序由一系列操作或变换应用到输入数据，以产生输出。这些操作描述被翻译成可执行数据流，由 Pig 环境执行。这些转换的结果是一系列的 MapReduce 作业，程序员是不知道的。因此，在某种程度上，Pig 允许程序员关注数据，而不是执行过程。

（2）关键技术突破。

财务数据一般具有"流数据"的特点，需要在短时间内快速处理。与其他行业相比，金融具有逻辑关系紧密、对实时处理要求高、展示能力要求强的特点。通常需要以下关键技术：

①数据分析技术，包括数据挖掘、机器学习等人工智能技术，主要应用于用户信用分析、用户聚类分析、用户特征分析、产品关联分析、营销分析等方面。金融系统的安全性、稳定性和实时性较高，大数据的计算处理能力也很强。

②数据管理技术，包括关系型和非关系型数据管理技术、数据融合与集成技术、数据提取技术、数据清洗与转换技术。金融行业对实时数据处理能力的要求很高，需要灵活的数据转换配置和任务配置。

③数据处理技术，包括分布式计算、内存计算技术、流处理技术等。通过新的数据处理技术能更有效地利用硬件和软件资源，为减少 IT 投入、维护成本和物理能源消耗的同时提供更稳定和强大的数据处理能力。

④数据显示技术，包括可视化技术、历史流显示技术、空间信息流显示技术等。主要用于金融产品健康监测、产品发展趋势监测、客户价值监测、反洗钱反欺诈预警等方面。

（3）核心应用实现。

金融领域的各个子行业，无论是银行、保险、证券等，都需要一些共性的、通用的大数据分析应用，如客户画像模型建立、优化客服、征信风险分析，对于这些问题，可以建立金融全行业的数据共享机制，并在共享的数据基础上开发通用的数据分析服务，以使得各个金融子行业可按照需求进行调用。下面依次介绍三个核心应用：

①客户全景画像。

客户画像应用主要分为个人客户画像和企业客户画像。其中，个人客户画像包括人口统计学特征、消费能力数据、兴趣数据、风险偏好等。以银行为例，银行拥有的客户信息并不全面，基于银行自身拥有的数据有时候难以得出理想的结果，甚至可能得出错误的结论，所以还需要引入外部数据源，包括运营商数据、主流电商网站数据、上网痕迹数据、SNS软件、生活圈子、网络应用等，从而丰富用户标签，构建一起全面的客户画像。

对客户进行画像，可以实现的功能有：

第一，识别高价值用户。通过对现有用户的聚类分析，按照最近一次消费、消费频次、消费金额的相似程度，聚类为不同的类群。对聚类后的特定群体进行CRM（客户关系管理）分析，识别出高价值用户群，进而针对性制定优惠策略、促销活动，增加回购率，培养用户忠诚度。

第二，定位潜在用户。基于现有的用户数据，可作为种子用户进行特征分析，通过Lookalike（相似人群扩展）技术，对相似人群进行预测，结合全景大数据平台，匹配更多相似用户，从而为企业拓展新客提供高效途径。

第三，广告精准投放。通过对用户画像的聚类，可以有针对性地对某类客户进行广告定制，也可以根据广告风格及其对应的金融产品特点去定位目标用户，有针对性地进行广告投放。

②客户服务优化。

通过大数据技术，金融企业可以监视各种营销操作，客户的咨询行为可以被转换成数据流，以此分析他们的性格特征，风险偏好，了解其理财习惯，进而分析和预测客户潜在需求，完成精准营销服务的扩展和优化。

以银行为例，通过大数据技术，可以综合分析用户的性别年龄身高特征、不同网点的装饰、服务柜台面积甚至座位的设计风格，根据分析结果为客户提供个性化的服务。如：高个客户比例偏高，即考虑新的服务窗口风格，提供大屏幕显示提醒；网上银行、手机银行显示时将浏览率高的部分增大面积最终达到提高客户使用率和忠诚度的目的；根据不同群体在APP、移动电话和应用程序的访问记录（页面浏览时间、频率、频率等），分别显示其所专注的不同信息，提供精准的咨询和信息服务。

③信贷数据分析。

传统的信用评估模型是基于一个人的借款历史和还款表现，利用逻辑回归来判断一个人的信用状况。然而，大数据信用的数据源非常广泛，包括电子商务、社交网络和搜索行为，产生了大量的数据。大数据分析风险控制具有重要意义，金融机构可以根据工商、税务、公安、司法、行政、运营商、航空旅游、教育、银联、第三方信息数据分析，多边机构，如处理数据，形成集成视图，风险分析，量化企业信用，开发更有效的金融业务。

同时，在欺诈预防和控制方面，银行卡持有人的基本信息可以利用，基本信息、交易历史、客户行为模式，正在接受行为模式（如转移），结合智能规则引擎（如从一个国家通常不出现在一个特定的用户账户转账或从一个陌生的位置在线交易）实时交易反欺诈的分析。

4.2.5 大数据在金融领域的挑战

（1）金融数据的几何级增长，整合困难。

随着互联网金融及移动互联网的发展，金融相关的数据正以 PB、TB 级别的速度生成，即使使用 Hadoop 大数据平台进行处理，也较难随时发现数据的价值。应用大数据技术，发现金融领域中具有时效性有价值的信息是最大的挑战。

财务数据在企业内部的分裂，如业务部门、职能部门、渠道、风险部门等，各部门往往是数据的真正所有者。平稳共享机制的缺乏导致大量数据往往处于分散和"睡眠"状态。

（2）数据安全保障。

安全与隐私问题是大数据发展中的一个关键问题，多个实践案例表明，即使在大量收集无害数据之后，个人隐私也会暴露出来。事实上，大数据安全的意义更为广泛。人们面临的威胁不仅限于个人隐私的泄露，保护对象不仅包括大数据本身，还包括通过大数据分析获得的知识。

与目前其他信息一样，大数据在存储、处理和传输过程中也面临着安全风险，主要包括数据管理风险和数据操作风险，需要技术手段的保护、相关法律法规的完善、金融企业的自律。

（3）制订大数据标准规范。

为了实现数据的连通性，必须有两个条件：连通性是技术系统标准，互操作是数据系统标准。互联的实现需要系统使用标准化的接口，而互联的实现需要围绕产业链建立跨行业的数据标准结构。目前，各行业的发展长期处于不同的管理之下，行业之间的壁垒相对较高。即使在金融业内部，银行、证券、保险等行业也采用了不同的标准，遵循了不同的行业规范。如何加快建立元数据、数据交换、数据交易、数据质量、安全和保密等关键共性标准，是大数据建设的关键。

(4) 人才梯队的培养。

相比于其他细分领域的信息技术人才，大数据的发展要求更高复合能力的人才，这就需要人们掌握计算机软件技术和拥有的知识数学、统计和其他方面的专业知识。目前，金融行业在复杂人才、高端数据科学家、能够进行分析挖掘的管理人才方面存在较大需求。

4.3 物联网在金融科技中的应用

物联网（Internet of Things，IOT）是物物相连的互联网，它把我们所能看到、碰到、想到的各式各样的物体，小到手表，大到冰箱、洗衣机，再到汽车、飞机，通过网络连接起来，实现万物互联的"智能化"。物联网是互联网在物理世界的延伸，通过智能设备及多种联网技术的发展实现物的信息接入互联网。物联网为互联网提供了更丰富的数据，达成对物理世界的感知和控制。

在物联网的基础上，金融机构可以利用物联网技术和信息通信技术，借助各种智能设备，实现支付、资金融通、投资、资产管理及信息中介等服务；这种新型金融业态就是我们所认为的物联网金融，也就是说，物联网金融是一种新的金融业态。

4.3.1 物联网在金融领域的应用价值

物联网和金融一体化的深度，使金融依靠互联网技术，改善服务体验，降低运营成本。现金流、信息流和实物流的三流的团结，改变了金融信用体系，控制了金融风险，深刻改变了银行、证券、保险、租赁、投资和许多其他金融部门的原始模型，带来新的金融改革。具体来说，有以下几点：

第一，物联网金融大力推进金融创新，拓展金融服务领域。科技进步、体制改革、市场需求与物联网作为动力源的协同作用，引发了大量金融创新。其中物联网带来的技术进步将为金融服务提供新的生产可能性边界，这是金融创新的基础。物联网带来的需求变化将促进基础设施的完善和市场规模的扩大，这是金融创新的方向和动力。换句话说，物联网不仅带来了金融产品和工具的创新，也带来了金融理念和模式的革命，使原本不可能的创新服务成为可能。例如，目前对珠宝、玉石、高端酒等稀缺商品的投资（通常称为另类投资）需要专业的人力资源，成本极高，而借助物联网技术，这样的服务门槛可以迅速降低。

第二，物联网可以解决信息不对称的问题，这将大大降低信用交换的中间成本。在物联网金融模式下，可以随时随地掌握物品的形式、位置、空间、价值转化等信息，充分有效地交换和共享信息资源，彻底解决"信息孤岛"、信息不对称的现象。例如，为了解决汽车保险的恶意欺诈保险问题，可以在被保险车辆上安装物联网终端，全面评估驾驶行为，根据驾驶习惯确定保费水平。如果发生事故，物联网终端可以实时将事故车辆的情况通知保险公司。这样就解决了信息不对称的问题，从而可以更好地控制风险，降低金融服务成本。

第三，物联网融资促进了有效的风险控制。金融业本质上是一个经营风险的行业，风险控制是金融发展和创新的关键。物联网使金融体系全面感知物理世界的行为两个维度的时间和空间，追踪历史，控制物质世界的现在和预测未来，并整合金融服务在每一个环节的物理操作，这有利于减少金融风险发生。例如，汽车金融公司可以在汽车上安装 GPS、运动传感器、SIM 卡和电脑软件的盒子，通过 GPS 技术追踪被盗车辆，并帮助客户找回。当盒子检测到汽车相撞或发生事故时，公司会打电话给顾客以确保顾客安全。当遇到紧急情况时，会叫紧急救援部门参与救援，盒子里的数据也可以帮助客户分析车辆的丢失情况。

第四，物联网财务将改变财务管理模式。随着物联网技术在金融领域的普及，信息管理系统把金融领域的组织结构联系起来，使其更加扁平化、贴近用户，从而提高应变能力和响应速度。物联网技术也可以推动标准化向个性化的转变，通过物联网，金融机构可以与客户顺畅沟通，了解客户需求，提供针对性的金融产品，将客户体验推向极致。

4.3.2 物联网在金融领域的落地方式

物联网通过生成客观数据支持金融领域的创新。下面是针对不同金融子领域的物联网具体实施模式。

在融资领域，物联网最大的应用在于赋予动产以不动产的属性，加快动产融资的发展。在传统动产融资业务中，动产融资贷款需要聘请第三方监管公司对质押物进行监管，这会增加金融机构的成本。同时，这种商业模式的服务精度主要取决于监督公司的管理水平和现场监督人员的职责的履行程度，银行面临的挑战包括承诺无法履行、产品价值无法预估、货物权利无法判定、监管程序不透明、风险预警不及时等一系列的问题。对于企业来说，传统的动产质押需要将质押转移到银行指定的仓库，这不仅增加了企业的物流成本，也阻碍了企业的正常运营。物联网新技术的应用可以有效地赋予动产物权，从而加速动产融资业务的发展。

在保险领域，物联网大数据有助于降低保险成本，提高补偿效率。目前车险企业诈骗保险案件非常多，大多数车险公司，其车险业务盈利能力下降。但是如果我们在每辆车里都安装物联网传感器，就可以掌握车辆的轨迹等数据，恶意欺诈的现象就可以得到有效的控制。

在投资领域，物联网技术可以赋予商品金融属性，促进实物资产的证券化和财富化。

综上所述，物联网的出现和发展可以为金融改革和创新的需求、技术、制度等多个方面做好准备，将现有的金融体系推向高效良性循环的制度变革之路。

4.4　区块链在金融科技中的应用

区块链技术是随着比特币的诞生而出现的，区块链源自比特币。不过换一个视角，区块链是比特币的核心底层技术，比特币的诸多特性无不源于区块链，因此，比特币既是构建在区块链上的一种应用，也是当前基于区块链的创新应用中最为成熟、最为成功的应用。

抛开比特币来看，区块链本质是一种特殊的分布式账本技术。分布式账本是由网络节点维护、验证、加密以及审核后的共识记录。区块链是一种实现分布式账本的方法，它在分布式账本的基础上还包含储存信息的"区块"，并通过在原有链条上产生新的区块来验证交易的有效性。基于这种技术架构，区块链以去中心化的方式集体维护一个可信数据库，提供了一种在不可信环境中进行信息与价值传递交换的机制，具有公开透明、安全可靠、开放共识的特点。

尽管当下区块链概念非常火爆，但区块链并非是一种颠覆式技术，而是多种技术的集成式创新。区块链是分布式网络、数据加密、共识机制、智能合约等技术的一种融合,这些技术早已出现。诞生在2009年的区块链技术,是将各项相关技术要素在分布式网络技术上进行集成得以实现的,带来了全新的分布式生产关系协作的可能性,用户节点在这种分布式生产关系协作网络中重新被定义,这应当是区块链最大的创新所在。

4.4.1 区块链的适用场景

区块链应用的显著优势在于优化业务流程、降低运营成本、提升协同效率,这个优势已经在金融服务、物联网、公共服务、社会公益和供应链管理等领域逐步体现出来。整体而言,区块链与行业的融合应用仍处于探索尝试阶段,落地效果突出、不可替代性强的区块链应用案例仍然较少。但区块链技术并非一项"普适性"技术,并不是所有领域都适合融入区块链进行"改造"。区块链的适用场景与其核心特点密切相关,需要找准应用领域与区块链的切入点。作为一种分布式账本技术,区块链最具创新性的特点就是用户节点共同记账机制,在多用户节点网络中,安全地共享网络中产生数据的同时,还可保证用户节点平权,每个用户节点可拥有全网的共享数据。根据网络中是否有中心节点,以及用户节点间平权关系,区块链的适用场景可归纳为三类:

(1)无中心,节点平权。区块链适用于无中心、节点地位平等的应用场景。当前完全无中心的场景较少,以比特币为代表的加密数字货币体系是依托区块链创造出来的典型的无中心应用场景。

(2)多中心,中心节点平权。区块链适用于多中心、中心节点地位平等的应用场景。涉及多节点协作、交易的场景基本均为多中心,是最适宜使用区块链的场景,如供应链管理等。

(3)中心化成本显著过高。区块链适用于可去中心、节点分摊权利的应用场景。当前大部分应用场景存在中心节点,中介信任成本较高,若可去中心或分散为多个中心,也适合使用区块链,如投票、资产公证等。

4.4.2 区块链在金融领域的应用价值

区块链是一种分布式数据库技术,构建了一种以低成本建立信任的机制。

相对于传统的数据库技术,区块链从集中式记账演进到分布式记账,从增删改查到不可篡改,从单方维护到多方维护,从外挂合约到内置合约,其独有的信任建立机制切中了传统行业的痛点,是未来发展数字经济、构建新型信任体系不可或缺的关键技术。区块链与新兴技术交叉演进,将协同驱动形成未来智能社会基础架构,重构数字经济发展生态。区块链的这些特性,有助于其应用在高安全性的金融领域。

从问题出发看区块链的价值,在金融行业中,风险控制是其重要的业务核心,也是各项金融业务展开的根本。金融行业快速发展的同时,资产现金流管理有待完善、底层资产监管透明度和效率亟待提高、资产交易结算效率低下、增信环节成本高昂的问题也逐渐暴露出来。由于信用评估代价高昂、中介机构结算效率低下、监管方式有限等原因,一直以来,传统的金融服务手段难以有效解决行业长期存在的问题,如运营成本、风险成本过高,从业人才稀缺,基础设施不够完备等。这些问题大致可以总结为以下三点:

(1)信用评估代价高昂。在传统的金融商业格局中,信任的建立依托于中介机构。价值创造和价值交易都经过中介机构。中介机构根据法律和协议,提供可信的交易场所,集中进行清算等服务。由于中介机构的局限性,信任被局限在一定范围,中介机构信息的处理取决于人工,且须经过多道人工之手,从而使每一笔汇款所需的中间环节消耗了大量资源。

(2)中介机构结算效率低下。金融机构的现有基础设施存在弊病,金融领域的登记、清算和结算涉及多个参与主体。各个主体之间的标准不统一,因此拥有一个可信任的跨境交易中介非常重要。而现有的中介机构,往往需要花好几天的时间去进行清算和结算,结算并不是实时的;这种非实时、非同步的特点,也可能导致"双花"等金融投机的漏洞。

(3)互联网金融领域监管困难。随着互联网技术的快速发展,互联网金融发展中的隐患逐渐显露。首先,容易受技术攻击,大数据模式下的数据安全存在隐患。随着数据量的增长,庞大的数据库在数据安全性上面临挑战。金融业因其特殊性,对数据安全的要求更高。数据泄露和篡改等不良事件时有发生却难以追责。其次,互联网金融领域的信用中介并非绝对可信。在P2P借贷平台中,若发生违约事件,客户的资金将面临极大风险,发生损失之后追责也并不容易。

金融的本质是风险控制,风险控制的基础是"有效数据"。在传统互联网中,信息交换的本质是数据复制,网络上传输的数据本身缺乏价值验证机制。而在区块链网络中，记账是全民公开进行的，即记录的数据的价值能够被所有参与者共识，这就能够保证区块链上数据的有效性。区块链这种特有的数据确权溯源、普适性的底层数据结构、合约自动高效执行等特性，能够在金融领域为解决上述信用评估代价高、中介机构结算效率低、监管困难等问题提供新型解决方案，为金融领域的深刻变革孕育发展潜力，其主要体现在：

（1）区块链有助于解决金融数据的安全问题。区块链通过 P2P 网络中多个参与计算的节点来共同参与数据的计算和记录，并且互相验证信息的有效性。这样既可以进行信息防伪，又提供了可追溯路径。把各个区块的交易信息串起来，就形成了完整的交易明细清单，每笔交易来龙去脉非常清晰、透明。

（2）区块链有助于解决金融领域的信任难题。区块链技术可以实现所有市场参与人均可无差别获取市场中所有交易信息和资产归属记录，可以有效降低企业间的信任成本，区块链技术的实时结算也减少了支付结算环节的出错率，同时可以监控任何一笔资金的上链信息。

（3）区块链有助于降低中间环节的成本，使价值交换直接在端到端间进行。由于区块链技术提供的是去中心化的分布式记账机制，通过密码学、P2P 网络、共识机制等技术要素保证数据的有效性，也就能进行现实世界资产在虚拟网络中的证明，而资产的交换也可以通过全民记账的方式保证其有效。这样既可以减少不必要的中介机构，也就减少了效率低下的工作环节；资产交换的信任机制不再由中介机构提供，而是由区块链网络及区块链上运行的分布式应用提供。

从金融业务出发看区块链应用价值，金融市场上流通的资金和金融工具都与线下实物资产有一定的对应关系，是实物资产的权益。围绕金融资产权益，金融业务主要有三个关键环节：

（1）资产权益评估。这一环节要求金融中介机构确定线下实物资产的价值，从而明确资产权益的真实价值。

（2）资产权益证书的发行。在确定资产的相应价值后，中介机构将出具金融资产权益证书，如股权证书等。

（3）资产权益证书的流通。金融参与者持有资产和权益的证明可以在金融过程中找到其他参与者来满足他们的融资需求。一般来说，金融工具是以中介的流通方式为基础的。

从金融资产权益的三个环节，进一步分析区块链可以发挥的作用。在第一个环节中，区块链很难将线上数据与线下实物资产完全匹配，无法替代金融中介机构对实物金融资产的价值进行评估。但是，金融中介的工作可以通过区块链变得更加透明和高效，因为一旦实体资产在链上，它的流动关系总是可以在链上查询。第二环节主要针对资产权益证明文件本身的安全性。区块链可以实现电子股权凭证分散发行，保证不被篡改。第三环节反映了金融工具的流动性。区块链可以实现资产权益凭证的点对点流通，可以进一步划分，有利于提高资产流动性。

从这三个环节来看，目前区块链可以用于资产权益证书的发行管理和流通，但难以参与线下股权评估。金融中介机构实际上在提供评估、风险控制和增值等服务方面发挥着非常重要的作用。在历史上，金融中介的出现和存在是为了解决金融交易中的信息不对称、匹配效率和成本、风险控制等问题，金融中介是否会随着技术发展而消失，需要考虑新技术及相关制度是否能解决上述基本问题。

回到区块链本身技术架构来说，区块链其实就是能够对链内所产生的数据进行有效管理和追踪，对于链外或者是线下资产，或者是对于链外能够导入链内的数据，本身并不能够进行有效管理，现阶段无法验证真实性及价值。在资产权益证书的发行管理和流通中，区块链可以充分发挥其建立连接和点对点流通的低成本特点，有利于降低金融业务的复杂性，提高金融工具的流动性，提高金融业务的效率。

区块链特征是分布式、匿名和安全可靠的，其联锁数据逻辑，难以篡改记录方式，使各种各样的贸易变得更加透明，这种新技术构建信任体系的分散条件提供了手段，还将使网络信息进化基于技术支持价值的转移，以改变很多行业的应用场景和操作规则，在银行、保险、证券和其他金融部门没有探索未来的应用范围也将推出更多的新模型、新形式，对提高数字经济的发展具有重要意义。

4.4.3 区块链在金融领域的应用场景

技术驱动金融服务产业转型升级的作用日趋明显，以技术创新引领的金融服务模式变革趋势仍将持续。区块链技术有望进一步提升金融交易透明度、强化系统操作弹性、实现流程自动化，进而对金融业务的记录保存、会计核算和支付结算方式产生影响。

（1）区块链在资产证券化行业的应用价值。

在我国监管部门推出资产证券化（Asset Backed Securitization，ABS）备案制后，国内 ABS 发行呈现高速增长的趋势。在监管环境不断变化、科技发展日新月异的背景下，ABS 特别是消费金融 ABS 迎来全新的发展机遇。

而在 ABS 行业快速发展的同时，资产现金流管理有待完善、底层资产监管透明性和效率亟待提高、资产交易结算效率低下、增信环节成本高昂等问题也逐渐暴露出来。区块链技术具有去中介化、共识机制、不可篡改的特点，能够有效解决上述问题，为 ABS 行业的健康发展赋能，主要体现在以下几个方面：

①改善 ABS 的现金流管理。资产证券化的现金流管理是较为复杂的结构，区块链技术应用于 ABS 能有效改善其现金流管理。一方面，可以缩减银行等机构服务成本。区块链技术可实现自动账本同步和审计功能，极大地降低参与方之间对账成本，解决信息不对称问题。同时，可以降低参与方对接的技术成本。另一方面，利用智能合约功能实现款项自动划拨、资产循环购买和自动收益分配等功能。在完成多方共识的基础上，有效地降低由于人工干预造成的业务复杂度和出错概率，显著地提升现金流管理效率。

②利于穿透式监管。从监管的角度来看，区块链技术应用于 ABS 领域，既能确保 ABS 底层资产的真实性，又能够看到最底层资产的风险。这样能更有效地监督金融机构适度使用金融杠杆，合理地利用 ABS 手段，充分盘活沉淀资产，充分调动市场资源服务实体经济发展。特别是在资管新规下，金融机构对底层资产穿透的需求愈加强烈。区块链实现的分布式账本技术有望在 ABS 底层资产穿透、提升监管水平方面发挥其重要价值。

③提高金融资产的出售结算效率。区块链技术应用 ABS 使得金融债权资产转让效率大大提高，流动性需求与资产转让时效不匹配的问题得到有效解决。例如，贷款出售是非常繁琐、耗时的，结算一般花费几周时间，通过区块链技术可绕过中间支付清算系统，实现点对点即时支付，从按日结算缩短到按分钟结算，大大缩减支付到账时间，结算效率大大提高。

④证券交易的高效和透明度大大增强。区块链技术实现了价值去中心化的互联网传递，为金融互联网搭建提供了基础。通过区块链进行资产证券化产品交易，可使更广泛的参与者在去中心化的交易平台上自由完成交易，可实现 7×24 小时不中断交易。对于认可这一"区块"价值的机构，可以接受

"区块链"代表的证券持有人再融资,不用担心对应证券资产的转移和"双花",因为每一笔交易都公开透明、可追本溯源。

⑤降低增信环节的转移成本。由于通常对应了多笔资产,每笔资产对应着不同的外部担保,因此,在实践中资产证券化目前没有真正实现担保随同金融债权资产的转让,只是通过法律条款约定了保留完善担保的权利,在真正出现需要履行担保的情况时再转移担保。基于区块链技术建立点对点的增信保障平台,可有效降低增信转移的成本。

基于区块链的资产证券化全流程解决方案。区块链技术能够改善资产证券化的现金流管理,提高金融资产的出售结算效率,增强证券交易的透明度,降低增信环节的转移成本,同时有利于监管机构实现穿透式监管。目前国内已经实现区块链技术在车贷资产证券化等场景的应用,如建元车贷,对交易流程效率提升起到极大的促进作用。基于区块链的ABS全流程解决方案包括资产池统计、切割、结构化设计、存续期管理等系统功能,为中介机构提供全流程的分析、管理、运算体系。

基于区块链的ABS全流程解决方案首先建立由各参与方共同组成的ABS区块链联盟,在此基础上,在ABS全部流程的落地中运用区块链技术,使ABS实现更加精确的资产洞察、现金流管理、数据分析和投后管理。

参与方共筑ABS区块链联盟。区块链联盟是指由若干机构共同参与管理的区块链,每个机构都运行着一个或多个节点,其中的数据只允许系统内不同的机构进行读写和发送交易,并且共同记录交易数据。各参与方只有通过对方授权的密钥才能看到其他参与者的数据,这样就解决数据隐私和安全性问题,同时能够实现去中心化。相比私有链的运作空间和效率,联盟链价值更大;而相比公有链的完全去中心化的不可控和隐私安全问题,联盟链变得更灵活,也更有可操作性。ABS全流程解决方案正是主导建立了多方参与的ABS区块链联盟,该联盟由资产方(消费贷款、抵押贷款、应收账款、票据等)、Pre-ABS投资人、SPV(信托)、托管银行、管理人(投资银行)、中介机构(评级机构、会计师事务所、律师事务所)、ABS投资人(券商、基金、银行、信托等)、交易所共同组成。其核心业务包括资金交易对账、交易文件管理、数据交互接口、信息发布共享、底层资产管理、智能ABS工作流等。

基于区块链可为ABS提供全流程解决方案的服务,具体到ABS项目不同阶段来看:

①承做期。首先,区块链可写入底层资产包的真实数据;其次,在此基础上计划管理人设计交易产品结构,同时,各中介机构(评级机构、会计师、律师)根据角色权限获取和发布相关信息和文件,计划管理人通过区块链能够实时获取各中介机构进度和相关报告;最后,基于中介机构录入的关键信息自动生成文件模板,区块链同时对相关文件进行管理。

②承销期。投资人一方面能够及时推送更新的推介材料,降低误操作风险;另一方面,能实时监控底层资产表现,定制路演材料。

③发行期。区块链使产品发行的四个重要节点完全实现自动化管理,即投资人认购信息登记管理自动化、基金业协会备案流程自动化、中证登登记流程自动化、交易所挂牌流程自动化。

④存续期。资产服务报告通过智能合约自动生成。

(2)区块链全流程的落地交易阶段。

在 Pre-ABS 底层资产形成阶段,可以做到放款、还款现金流和信息流实时入链,实现底层资产的真实防篡改。同时,各类尽职调查报告、资产服务报告都可以通过智能合约自动生成。

在产品设计和发行阶段,交易结构和评级结果由评级公司和券商确认后共识入链;将投资人身份及认购份额登记入链;交易所从链上获取全部申报信息,将审批结果入链。

在存续期管理阶段,回款数据、循环购买数据、资产赎回、置换和回购数据均可入链,并生成资产服务报告。在二级市场交易阶段,证券底层现金流信息可从链上获取,帮助交易双方进行实时估价;投资人可通过交易撮合智能合约,在链上完成证券所有权的转移。

综上所述,ABS 全流程解决方案从提高收入、降低成本和提升效率三个维度体现其价值:对投资方而言,全流程解决方案降低了 ABS 产品对应底层资产的信用风险,丰富了投资收益来源,并减少了投后管理的成本;对资产方而言,全流程解决方案进一步拓宽融资渠道,降低了融资成本和风控运营成本,促进了信贷业务管理流程标准化,缩短了融资交易周期;对服务方而言,降低了投后管理人力成本投入,使得资金分配流程更加高效。

ABS 特别是消费金融 ABS 前景广阔,但行业发展痛点却十分明显:交易各方对底层资产真实性的信任度较低、现金流管理有待完善、监管水平有待提高、资产结算效率低下、增信环节转移成本高昂等问题成为制约消费 ABS 行业进一步发展的重要"瓶颈"。而区块链技术去中心化、去信任的天然属性能够有效解决消费 ABS 行业发展的痼疾。

从区块链在消费 ABS 领域的应用实践来看，以资产证券化业务流程为切入点，解决了资产证券化服务商模式的数据痛点，从而使资金方能穿透地了解底部资产，中介机构也能够实时掌握资产违约风险。对于监管方而言，更能有效把控金融杠杆、提前防范系统性风险。这一创新尝试将为整个金融交易市场提供降低成本、提升效率、保证资产数据真实透明的宝贵经验，也为未来进一步拓展区块链应用场景提供了无限可能。

（3）区块链在供应链金融行业的应用价值。

供应链金融在企业融资尤其是中小企业融资过程中具有广阔的应用空间，是一个十万亿级的市场。但是由于信息不对称、信任传导困难、流程手续繁杂、增信成本高昂等问题，发展一度遭遇"瓶颈"制约。区块链技术作为一种分布式存储技术，天然具有信息不易被篡改、去中心化、开放化、可视化等特征，可有效解决传统供应链金融中存在的诸多痛点。

供应链金融对供应链的不同节点提供封闭的授信及其他结算、理财等综合金融服务，能够帮助供应链中处于弱势的中小企业解决融资难的问题，进而稳定核心企业的供销渠道，促进并提高整个供应链链条中资金的利用与统筹效率，其实质就是通过及时获取真实的贸易背景信息，实现风控，帮助企业盘活其流动资产从而解决融资问题，这也是其与传统金融业务的主要区别所在。供应链金融有三种主要的融资模式：应收账款融资模式、预付款融资模式和动产质押融资模式。应收账款融资是指在供应链核心企业承诺支付的前提下，供应链上下游的中小型企业可用未到期的应收账款向金融机构进行贷款的一种融资模式；预付款融资是指企业通过未来货权向金融机构贷款的融资模式；动产质押融资是指企业以存货作为质押，经过专业的第三方物流企业的评估和证明后，金融机构向其进行授信的一种融资模式。

在目前阶段，主要有三种类型的国内供应链金融：传统的供应链金融模式，即 bank - enterprise 合作的网络，如中国中信银行 + 海尔，交通银行（bank of communications） + 商业财富等；传统的电子商务企业提供完整的供应链已经建立了 P2P 的资源，提供金融服务供应链的上游和下游企业，如京东和阿里巴巴；"电商 + P2P"模式，P2P 平台通过合作和收购的方式整合借贷资源，服务于有融资需求的中小企业和个人，如工商贷款、永商贷款、积木盒等。

供应链金融主要由供应链上下游的全量业务数据驱动进行风险评估。数据流的透明性和平滑性是供应链金融发挥作用的重要基础。在供应链金融业务的实际运营过程中，经常会出现数据信息不对称、交易信息造假、业务运营风险等问题。

①信息不对称。供应链的操作过程，各种各样的信息分散在每一个环节的供应商的商品信息存储在供应商仓库信息、配送信息在物流公司手中，资本分布在银行系统内，信息流动的信息是企业的核心，整个供应链信息不透明、不光滑，每一个参与主体很难知道事务的进展，信息不对称的高度影响着整个供应链的效率，最终导致整个供应链难以建立信用体系。由于信息不对称，供应链贸易环境下的金融服务难以有效开展。出于风险控制的原因，金融机构往往更为谨慎。

②贸易背景下的真实性问题。在供应链融资，商业银行使用应收账款，预付账户在交易过程中生成和库存的承诺/抵押当事人基于真实的交易关系在供应链实体经济提供融资服务供应链的上游和下游企业。在融资的过程中，真正的交易存货，应收账款，核心企业补充保障的基本保证，如果实现自动清偿的交易背景不存在，如存在伪造贸易合同、伪造应收账款金额、使用有缺陷的所有权保证或虚构买家和卖家交易等，银行在缺乏真实的贸易背景的情况下盲目地给借款人发放贷款将面临巨大的风险。

③经营风险。供应链金融通过自我清算交易结构设计、专业运营流程安排、独立引入第三方监管，构建了独立于企业信用风险的第一还款来源。但这无疑对操作过程的严密性和标准化提出了很高的要求，容易产生操作风险。因此，运营体系的完善、运营流程的严密性和运营要求的实施力度将直接关系到第一还款来源的有效性，进而决定信用风险能否得到有效的甄别。

④融资成本很高。供应链中小微企业融资成本高是制约供应链金融发展的另一个重要因素。供应链金融涉及多种交易，为了验证交易的真实性，金融机构需要投入大量的时间和资金成本。由于供应链涉及不同的节点，甚至可以跨越十多个地理区域，金融机构很难追踪和调查所有环节，产品和服务的真实价值也很难得到验证。结果，融资时间变长，手续费变贵，中小微企业难以承受。

区块链技术作为一种分布式存储技术，天然具有信息不易被篡改、去中心化、开放化等特征，可有效解决传统供应链金融中存在的诸多痛点，助力供应链金融打破"瓶颈"、创新发展。其主要应用价值有以下几种。

①共识算法解决信任问题。区块链的共识算法使区块链上的数据都带有

时间戳、不重复记录、不易被篡改等特征，即使能篡改某个节点的数据，也会留下痕迹，易于被发现。这就保障了信息记录的可追溯性和防篡改性，从而解决了节点间相互信任的问题。具体到供应链金融领域，共识机制保证了交易真实性以及债权凭证的有效性，这也就解决了金融机构对信息被篡改的顾虑，在一定程度上解决了中小型企业自身信誉及信息不完善导致融资难的问题。另外，区块链也成为金融机构寻找优质资产的"挖掘机"，使金融机构能够快速、准确地对接优质资产，从而提高资金的配置效率。

②智能合约防范履约。风险智能合约，是一个自动执行区块链上合约条款的计算机程序。通过智能合约的加入，贸易行为中交易双方或者多方即可如约履行自身的义务，使交易顺利可靠地进行下去，链条上的各方资金清算路径固化，有效管控了履约风险。

③信任可沿供应链条有效传导。基于区块链的底层技术，贸易流中从链条初始端的材料采购，加工运输，到终端销售整个环节都可被记录，且生产过程、物流路径等细节也可溯源。从资金流层面来讲，资金及资产端都备案绑定在区块链上，严格按照贸易环节中的收付款关系、凭证的记载操作，资金交易路径一目了然。从而使得整个系统更加透明，这就有效解决了传统供应链金融信任不能沿供应链条有效传递的问题。

④降低合作成本，提高履约效率。传统供应链金融手续复杂，各种登记门类收费高昂，不仅影响效率，更造成了中小企业融资成本进一步提高。

区块链技术的公开性、透明性能够让金融机构在开展供应链金融业务时沟通成本更低，减少建立信任过程中需要的试探性交易，提高商业合作的效率。同时，资金方或投资方风险评估的成本降低，连锁反应随之降低中小企业的融资成本。此外，智能合约的加持可以使融资过程中的各种合约实现数字化并且自动执行，大大提升了履约效率，有效管控了违约风险。

基于区块链设计供应链金融解决方案，可以使用联盟链的方式整合各参与方的信任和业务关系。主要步骤有：

第一步，建立联盟链基础设施：以节点可控的方式建立一种联盟链的网络，涵盖供应链上下游企业、财务公司、金融机构、银行等贸易融资参与主体。

第二步，数据上链：将各个节点贸易数据上链，通过区块链记录贸易主体资质、多频次交易、商品流转等信息，上链目的就是让各个节点保持同步，金融机构可获取二级、三级中小型企业贸易的真实情况。有融资需求的企业将合同、债权等证明上链登记，可保证这些资产权益数字化以后不可篡改、也不可复制。

第三步，数字资产权益传递：在联盟中流转这些资产权益证明，实现点对点的连通，进一步提升数字资产证明流动性。

基于区块链的供应链金融解决方案，可深度融合物流、资金流、信息流，构建行业数据业务真实性验证的统一方法，缓解信息不对称的问题，并基于智能合约属性使供应链金融业务顺利开展。在这种解决方案中，区块链可以起到的作用为以下几点。

区块链技术自带的时间戳与数据不可篡改性，可在一定程度上解决贸易背景真实性的问题。从供应商、核心企业、分销商到物流企业、仓储监管公司、金融机构等其他参与者，均可运用区块链技术形成并共享各自在该供应链各环节中的各种交易。每个交易形成网络节点，节点信息通过全网认定，物流信息通过货物的地理位置信息体现，资金信息通过回款信息的更新及时通知收款方与金融机构，应收账款信息与应付账款信息及时准确更新给交易双方以及金融机构，仓储监管信息通过数字化信息及时提供给企业以及提供动产质押融资的金融机构。各方从源头上获取了第一手真实有效的数据，构建了全新可靠的供应链信用体系，从而缓解了供应链金融服务中的信用风险问题。

区块链技术可提升供应链金融业务中各主体的信用资质，重塑信用体系。在传统的供应链金融模式中，始终存在对核心企业的依赖，这是中心化的模式。而区块链技术具有去中心化的显著特征，能够保证链条中各个主体之间的信息完整和通畅，提升各个主体整体的信用资质，建立分布式的信用体系。通过区块链技术，有望将传统的"1+N"模式的供应链金融扩展到"M+N"模式的供应链金融。让核心企业不需要专门为供应链金融而做供应链金融，而是通过区块链技术在供应链业务中自然获得供应链金融服务。

区块链的智能合约属性可融入供应链金融业务中，提升全链的运营效率和风控等级。智能合约可提供项目立项、尽职调查、业务审批、保理协议/合同签约、账款登记及转让、贸易融资（贷款发放）、贷后管理、账款清算等保理业务全过程的应用服务，助力保理企业构建及完善"互联网+金融"的经营模式，从而更为有效地提高其获客、展业、风险识别与控制的能力，为供应链上下游企业提供更优质的金融服务，进而形成完整的供应链金融生态圈。

区块链能帮助解决供应链金融的风控问题,并搭建产业链中企业间的信任桥梁,但在实际运行融资中,区块链供应链金融平台仍有很多问题需要突破。

首先,最需关注的就是合规问题。在将区块链技术融入各行各业的供应链金融服务过程中,需要明确这种方案能否适应不同行业和法规的需求,要解决合规性的问题,解决法律的问题。例如,在供应链金融实际操作中,银行非常关注应收账款债权"转让通知"的法律效应,都会要求一级供应商或核心企业签回"债权转让同意书",如果无法签回,会造成银行不愿授信。因此,基于区块链的解决方案需要严格遵守供应链金融现行的法律规则开展研究应用。

其次,企业数据隐私安全管理也面临挑战。用于供应链金融的联盟链拓展了企业高效协作的边界,与此同时带来的问题就是,核心企业担忧数据泄露,担忧财务、税务、员工工资等核心数据共通之后,在同行竞争中失势。因此,基于区块链的供应链金融解决方案需要提升隐私管理技术手段,如增加分组、分层的访问控制,设置成员节点权威身份认证,避免贸易往来数据的泄露。

最后,供应链金融的主体模式其实并没有改变。区块链应用于供应链金融服务,是利用新兴的信息技术为供应链金融提供一种更为高效的解决思路,供应链金融现行的核心企业主导模式短期内不会发生改变。区块链技术本身不能解决道德风险等风控所面临的关键问题,这些风控所依赖的还是占据主导地位的核心企业。

(4)区块链在保险行业的应用价值。

我国保险业正处于转型发展的关键节点,产品同质化严重、渠道费用居高不下、理赔难等行业顽疾亟待解决。这些问题体现在以下几个方面。

①风险定价难以实现。保险作为一种风险管理手段,最理想的定价方式就是根据每个投保个体的风险水平制定对应的价格,但是由于传统保险公司对数据的掌握程度有限、数据缺乏更新和反馈渠道、"数据孤岛"现象严重等问题,真正的差别定价难以实现。

保险公司的通常做法是通过精算针对同一保险产品制定统一的价格,这就导致了实际风险较小的投保人实际补贴风险较大的投保人。投保人并不能因为其良好的信誉、健康的生活习惯、安全的驾驶习惯等要素而获得保费上的优惠,从而降低了其购买保险产品的意愿。相反,出险率越高的个体购买保险产品的意向越强，这也就是我们通常所说的逆向选择问题。

②渠道费用居高不下。我国的保险销售可分为直销模式、代理人模式、银保模式以及近年来逐渐兴起的互联网模式。虽然互联网保险近年来增长迅猛，给传统保险销售渠道带来不小的冲击，但目前国内保险营销仍以代理人为主。2017年，保险公司代理人数继续快速增长。保监会披露的数据显示，截至2017年年底，保险代理人数806.94万人，较年初增加149.66万人，增长率为22.77%。

保险行业竞争逐渐加剧以及庞大的代理人队伍致使保险行业的渠道费用一直居高不下。以车险为例，部分险企渠道费用占保费比例高达15%~25%，这不仅增加了投保人的负担，而且严重制约了保险公司的盈利能力。更有业内人士表示，今天中国的保险公司，至少把1/3的保费支付给了渠道。

③理赔困难。影响客户体验保险市场和借贷市场的现金流的进出顺序正好相反，借贷市场出借信用更加注重事前风控；保险市场管理风险，事前风控的动力不强，往往实行事后风控。另外，保险销售环节众多、理赔流程复杂等原因也造成了保险"买时容易赔时难"的问题。

近年来，保监会为规范保险市场秩序，出台了一系列政策措施加大监管力度，但依然没有彻底解决长期存在的理赔难问题，涉及保险理赔的投诉量持续增加，这不仅降低了消费者购买保险的热情，在很大程度上也影响了行业信誉。

区块链技术能够实现分布式存储、全链共识、去中介化以及刚性信任，在解决保险行业面临的问题方面具有天然的优势，有望成为转折时期保险发展的全新动力。

第一，重构信用体系，实现真正的差别定价。凭借区块链去中心化的特点，能够建立一个基于网络的公共账本，所有数据公开透明、不可篡改，且这些数据随着时间的推移不断丰富翔实。保险公司可以依据这些真实有效的信息对每个投保个体定制专属保险产品，实现真正的差别定价并且更好地契合投保人的实际需求，这将有效解决保险行业中普遍存在的"逆向选择"问题。

第二，优化流程，有效削减渠道成本。

一方面，信息不对称、逆向选择问题的解决让整个保险体系更加公平、高效，会极大提升客户的投保意愿，这将在一定程度上降低保险的销售难度，进而节省渠道费用。另一方面，虽然在现有市场环境下，区块链技术短时间内很难颠覆保险现有的渠道格局，但区块链技术可以优化保险销售流程，降低各个环节的查询、核实以及保单管理的人力、物力成本，从而削减渠道成本。

第三，智能合约，提高理赔效率。

智能合约的应用将简化保单理赔处理流程，提高效率，降低成本，有效防止保险欺诈事件的发生。此外，理赔效率的提升将进一步保障保险消费者的权益，提升客户体验和满意度。

区块链技术在保险行业的应用场景丰富，可应用在保险市场的产品、渠道、理赔、反欺诈等多个环节。

第一，区块链技术在保险产品设计环节的应用。

将区块链技术应用于保险产品的设计环节有助于保险的差异化定价，同时有利于促进定制化属性强的保险品类突破"瓶颈"，快速发展，如农业保险、产品质量保险等。以产品质量保险为例，区块链技术集成了共识机制、分布式存储、点对点传输、加密算法、智能合约等多项基础技术，天然适用于产业供应链的产品溯源。可以基于区块链的底层技术建立产品溯源防伪应用平台，产品生产、加工、批发、零售、购买、投诉等各个关节的信息都可记录在链上，保险公司可以通过唯一的"识别编码"轻松追溯这些信息，从而有效判断相关产品的质量缺陷发生率，制定保险产品。

第二，区块链技术在保险销售环节的应用。

从保险公司的角度看，应用区块链技术可以简化销售流程，节省销售成本。意愿投保人通过渠道购买保单，渠道商将投保人信息统一发送到区块链平台，平台根据分布存储的信息判断意愿投保人是否在白名单内，若符合标准，则接受购买请求。这省去了以往人工传送、受理、审核、反馈等繁冗的流程。

从监管角度讲，区块链技术可以实现保险销售行为的可追溯监管，从而规范保险销售行为，维护消费者合法权益，促进行业持续健康稳定发展。保险代理人队伍庞杂，人员素质参差不齐，再加上业绩压力以及高额提成的诱惑，保险销售市场一直乱象丛生。通过欺骗、隐瞒或者诱导的方式对保险产品进行虚假宣传的现象屡禁不止。为了规范这一乱象，原保监会曾在2017年7月印发了《保险销售行为可回溯管理暂行办法》，规定保险公司和中介机构在向自然人销售相应的保险产品时需要进行"录音""录相"，并对"双录资料"的保存、管理、调阅进行了相应的规定，该方法在2017年11月1日开始实施。随着区块链技术的不断发展完善，完全可以将保险销售各个环节的关键动作上链，实现全流程的销售动作可追溯，这与保监会的监管思路一致，可以助力监管机构实现真正的穿透式监管。

第三，区块链技术在保险理赔环节的应用。

理赔和损失处理流程是保险市场的重要流程。数据显示，2016 年，理赔和损失处理金额占保险公司保费总额的 11%。为了获得理赔，投保人往往需要提供一系列复杂的材料。赔付流程也极其复杂。承保环节，保险公司的数据收集主要依赖人工；理赔环节，理赔专员须检查索偿资料是否完整，收集理赔的证据，确认损失范围并计算损失金额。复杂的流程不仅增加了成本还极大地影响了理赔效率，一些保险公司在受理理赔的过程中，有时还会出现拖延情况，极大地影响了客户的理赔体验。

应用区块链技术可通过智能合约简化索偿提交程序，不再需要保险代理人介入，将极大缩短处理周期。通过分布式账本中的历史索偿和资产来源记录，可更加容易地识别可疑行为。同时，编入智能合约内的商业规则使理赔专员无须再审查每项索偿。该技术还能用于促进可信赖数据的整合，减少人工审查的需要，每项付款均为使用智能合约自动交付，完全脱离后台的干涉。

第四，区块链技术在保险反欺诈领域的应用。

保险欺诈不仅侵蚀保险公司的利润，还有损其他保险消费者的合法权益。近年来保险欺诈行为日益猖獗，已经出现由原来的单个、隐秘作案逐渐向团伙、标准化操作转变的趋势，同时还呈现出地域流动性和同业传染性。尽管各个保险公司在保险反欺诈上都进行了不少努力，但现实情况依旧严峻。

区块链技术至少可以从两个方面帮助保险业缓解甚至解决这个顽疾。首先，建立反欺诈共享平台，通过历史索赔信息减少欺诈，加强评估；其次，通过使用可靠的数据源和编码的业务规则来建立"独特的可识别信息"，以防止身份欺诈。

一般来说，传统的保险行业存在产品同质化严重、渠道成本高、索赔困难的问题有待解决，如块链分布式存储技术可以达到共识，整个链条，非中介化和僵化的信任，可以实现微分定价权的保险行业重组信用体系，优化流动渠道，降低成本，提高效率，保障消费者的权益。区块链技术还可应用于保险产品的设计、销售、理赔、欺诈等方面。此外，区块链在信用调查和支付清算领域也有应用。现有的风险信息共享机制薄弱，数据安全性和质量得不到保证，共享后的数据使用率不高。区块链技术不仅保证了信息查询不能被篡改、独立、安全,而且优化了信贷共享的激励机制。它具有包容性强、扩展性强的特点,大大提高了风险信息共享的效率和安全性。区块链技术的分布式存储和计算可以保证股权登记数据的安全性和可追溯性,降低监管的复杂性。加密认证和全网络的共识机制可以使股权登记机制更加健全;智能合同可以同时实现股权和现金的实时转移,提高交易效率。在国际上,基于区块链技术的中小企业股权转让平台已经投入运营。

4.5 人工智能在金融科技中的应用

人工智能相关技术一般分为计算智能、感知智能和认知智能三个层次。从目前人工智能相关技术在金融领域的应用趋势来看,计算智能通过与大数据技术的结合应用,已经覆盖营销、风控、支付、投顾、投研、客服各金融应用场景。人工智能相关技术最重要就是 AI in all,传统金融很多是"知道型"的业务,按规则、经验办事,很多简单重复性工作被证明完全可以被 AI 取代(如客服),认知型的业务目前看也可能机器不比人差(如智能投顾、智能营销)。那么金融业最重要的是如何最大限度发挥人的价值。一是风险防范,AI 算法不一定完全正确需要人在样本特征准备或审核上来补充;二是金融创新,创新是门艺术,目前没有证据表明 AI 在创新上有啥独到之处,所以人的创新非常重要;三是发挥领域知识的价值,AI 目前最大的缺陷就是它是没有常识是不行的,知识会成为重要的竞争力分水岭,知识图谱、业务规则补充、业务数据标注这些都是产生知识的手段。

目前,世界主要经济体普遍认为,人工智能相关技术将成为下一个时代的技术制高点。俄罗斯总统普京在 2017 年的 KTO 论坛上指出,人工智能相关技术领域的主要国家将统治世界。目前,美国在这一领域处于领先地位。中国政府、企业和资本市场也高度重视人工智能相关技术。人工智能相关技术应用广泛,包括金融领域的许多方面,具有一定的应用价值。例如,在 2017 年 10 月,两家美国公司 EquBot LLC 和 ETF Management Group 联合推出了全球首个使用人工智能相关技术的 ETF-aieq 投资。2018 年 1 月,中国悦悦科技宣布成立第一家人工智能系统企业,管理私募股权产品——悦悦创爱交易基金。由于其在金融领域的应用仍处于快速发展的新阶段,目前还没有大量的可用数据。

4.5.1 人工智能相关技术在金融领域的应用价值

从宏观上来说,人工智能相关技术可以划分为递进的五个层次:

第一,传统的人工智能。它可以被定义为计算机系统的理论和发展,这些系统执行以前需要人类智能的任务。

第二,机器学习。它是人工智能的一个分支,可以定义为一系列的行为设计(即通过学习经验来解决问题,实现自动优化,预测和分类,有限或没有人为干预,而不是因果推理。

第三,深度学习。这是一种机器学习的形式,它采用了受大脑结构和功能启发的"分层"算法。其算法结构称为人工神经网络,可用于监督学习、非监督学习和强化学习。近年来,其在图像识别和自然语言处理方面也取得了很大的成就。

第四,自然语言处理。它是计算机科学和人工智能相关技术的重要发展方向。其研究了人机交互和自然语言的各种理论和方法。

第五,大数据分析。它可以定义为分析大型复杂数据集的过程,因此,人工智能的概念非常广泛,有很多分支。

接下来探讨人工智能相关技术在金融领域的应用影响因素。

(1)从产能供给方面考虑人工智能相关技术的应用。

①处理器速度、硬件成本的降低和云服务的普及大大提高了计算能力。

②开发目标数据库、软件和算法,降低数据存储、分析和分析的成本。

③数字和网络服务的日益普及加速了学习和预测数据集的增长。2009～2017 年,全球字节数从 2 倍增加到 26 倍,而每兆字节的存储成本从 9 美分下降到 0.5 美分,下降了 94%。

(2)从需求的角度考虑人工智能相关技术的应用。

①电子交易平台、零售信用评分系统等金融基础设施日益完善。结构化和高质量的市场数据正在上升,市场的计算机化使人工智能算法能够直接与金融市场互动。

②互联网搜索趋势、评级模型、社交媒体、金融市场数据等数据集的不断增多,导致金融领域可供挖掘的数据源数量不断增加。

③需求因素,人工智能相关技术有潜力降低成本,获得风险管理效益,提高生产率和盈利能力,并鼓励金融机构利用它来满足业务需求。根据

Fin. Intel 的财务重点：优化客户服务流程，使用人工智能构建系统和人机交互，以增强决策能力，并为客户开发新产品和服务。这些应用程序可能导致"军备竞赛"和来自市场参与者的竞争，以赶上竞争对手。

（3）从满足满足合规要求的角度考虑人工智能相关技术的应用。

①数据法律框架、金融服务体系、数据标准、数据报告要求的不断深化和影响，迫使金融机构不断提高自动化水平，采用新的分析工具，增加了对金融机构的监控需求。

②监管机构负责评估更复杂、更大和不断增长的数据集，这需要更加强大的分析工具来更有效地监控金融机构。

4.5.2 人工智能相关技术在金融领域的应用场景

（1）信用评分。

近年来，银行等金融机构越来越多地使用新的非结构化和半结构化数据源（如社交媒体、手机、短信等）来获取借款人的信用，并使用人工智能相关技术来评估定性因素。大多数信用评分模型使用金融机构的交易和支付数据（主要是非结构化数据），使用统计分析、回归、决策树等工具生成信用评分。例如，消费者的行为与付款人无关。

机器学习算法可以提高信用可用性。以前的信用评分模型要求借款人拥有大量的历史信用信息，这被认为是"可分级的"。如果没有这些信息，信用评分就不会产生，信用良好的潜在借款人就很难申请贷款。新的数据源和机器学习算法可用于评估借款人的偿付能力和信用决策意愿，这对中国信贷市场等不成熟经济体尤其有利。

近年来，一些国家出现了一批金融科技初创企业，但银行很难接触到它们。例如，一些银行使用算法和新的数据来源为信用档案中的"瘦"个人提供信用分数（之前被其他银行拒绝），其他公司则利用大量传统银行数据，将移动银行与银行数据和人工智能相关技术结合起来，帮助融资。

（2）智慧保险。

保险业利用人工智能相关技术分析大数据，将其作为保险定价的基础，而保险技术是关键。中国、美国、英国和德国等国在保险技术方面拥有高水平的人工智能，如帮助保险代理人使用保险合作伙伴收集的大数据集对标红的高风险应用进行分类和识别。对于面向未来的索赔，一些保险公司利用网上购物行为或遥测人工智能整合实时的、高度详细的数据，最终来提高保险产品的定价或进行相关的营销行为。

埃森哲（Accenture）作为全球最大的管理咨询公司、信息技术和业务流程外包跨国公司曾预计，到2017年，全球保险技术投资将达到17亿美元，其中26%提供货币或非货币服务。17%的保险公司设立内部风险投资基金，以支持数字创业公司（如辅导）。

保险公司还在探索利用人工智能相关技术和遥感技术来检测和预防可能发生的事故，如车祸或化学品泄漏。人工智能相关技术可以用来确定维修成本，自动确定交通事故中车辆损坏的程度，减少索赔处理时间和运营成本。人工智能相关技术还可以对保险的功能进行有益的探索和扩展，最值得一提的是在承保和索赔领域。在承保方面，基于NLP的AI系统可以拓展大型商业承保和人寿或伤残保险业务，这些工具可以从过去的索赔、培训和模仿人类的关键思路方面进行考虑。

（3）智能服务机器人。

智能服务机器人作为一个逻辑化助手，可以帮助客户解决问题。许多金融服务公司在其移动应用程序或社交媒体上推出了聊天机器人。然而，它们中的大多数仍处于实验阶段，功能相对简单，经常为客户提供账户中的各类信息、提醒或一些疑问的答案。智能服务机器人加快了向客户提供建议和指导的方向，并提高了智能；使用自然语言（文本或语音）与客户交流互动，并使用机器学习算法对其进行优化。除了帮助客户做出财务决策外，金融机构还可以从通过机器人聊天与客户互动获得的客户信息中获益。保险业也在探索使用聊天机器人提供实时保险咨询。

（4）优化资本运作方式。

使用数学方法来优化资本，甚至最大化稀缺资本的利润，一直是银行的目标。并且，近年来它已成为学术界和商业界的热门话题。人工智能相关技术是基于计算能力、海量数据和最优数据的概念，提高了资金优化的效率、准确性和速度。衍生品的保证金范围也优化了资本，如保证金评估机制（MVA）。有关清算和双边利润的新规定也增加了对有助于优化资本和初始利润率的先进技术的需求。目前，几乎所有银行都在实施风险加权资产优化方案，取得了显著效果，为银行节约了5%~15%的成本。

（5）进行模型风险管理和压力测试。

学者和业内人士认为，人工智能相关技术将很快被用于风险管理模型。

一些公司和投资银行使用无监督学习算法来验证模型，以帮助确定它们是在可接受的范围内运行，还是偏离了预期目标。回顾性测试非常重要，因为它允许您通过一系列金融设置观察市场行为和其他趋势的变化，并评估银行风险模型的性能，以降低低估风险的可能性。近年来，欧洲和美国的宝洁监管机构通过提供模型风险管理指导，将重点放在银行使用的追溯性测试和模型验证上。

此外，金融危机后的压力测试正日益成为银行面临的挑战。目前，一些人工智能供应商与大型金融机构密切合作，帮助它们构建资本市场运营模型，这些工具使用无监督学习来检查大量数据，记录与变量选择相关的偏差，并提高模型的透明性，最终达成在限制损失违约率（LGD）和违约概率（PDM）场景分析中使用的变量数量。

(6) 完成市场影响分析。

完成市场影响分析被用来评估公司自身交易对市场价格的影响。在最活跃的量化基金中，有三分之二受到了市场的冲击。过去，由于缺乏历史数据，很难模拟交易对市场价格的影响，尤其是对缺乏流动性的证券。因此，准确估计交易对市场的影响成为选择交易机会和降低交易成本的关键。具体来说，该模型可以用来描述如何从以前的交易入手，避免交易安排紧张，使市场整体影响小于各部分之和。现在，通过扩展原有模型或引入机器学习方法，我们可以建立一个市场影响模型，以获得更多的信息，并将对市场价格或流动性的影响降到最低。同时，该模型可以为一系列场景设置最优交易计划，然后根据实际交易计划进行调整，利用监督学习技术预测短期情况并确定这些调整。

(7) 合规监督申请。

①确认客户身份。金融机构使用人工智能相关技术来解决理解客户（KYC）的最大困难之一，因为它昂贵、费力且可重复。近年来，远程识别和背景预览在金融领域得到了广泛的应用。其主要有两种用途：评估文档中的图像是否相互匹配，以及计算风险分值以确定谁或如何对公司的应用程序作出额外评论。基于机器学习的风险评分也用于定期检查，通常使用公共和其他数据来源，如犯罪记录和社交媒体服务，使用这些数据源可以让您快速轻松地评估风险和信任。利用KYC调查中的风险评分还可以评估客户是否可能提高风险水平，以决定是否调整调查决策。

②遵守新规定。例如，欧盟资产管理公司必须遵守金融工具市场指令

（MiFID Ⅱ）、UCITS 和另类投资基金管理公司指令（AIFMD）。为此，使用机器学习工具（如 NLP）将这些规则翻译成通用语言，分析和编译自动化规则，然后将它们编译成风险和报告系统，以帮助公司遵守新规则，减少成本、工作量和时间要求。

③监管机构不断提出新的报告要求，金融机构需要更多的资源及时完成报告。机器学习提高了数据质量，如自动识别异常并将其标记为统计指标或数据源。这不仅要求监管者使用大量报告的数据，还涉及重大错误、空白字段和其他需要额外检查和数据质量保证的数据质量问题，不仅降低了成本、提高了报告质量，而且使数据处理和宏观审慎监管更加有效。

④人工智能相关技术可以提高场外衍生品交易数据库的数据质量，提高交易透明度，从而履行 G20 承诺。为了防止市场滥用，确保监管机构充分了解场外衍生品市场和活动，改革场外衍生品市场必须充分利用人工智能相关技术。具体来说，人工智能相关技术除了可以识别数据缺口、数据不一致和录入失误类的错误问题之外，经过良好训练的机器学习算法还可以匹配潜在的派生事务并插入缺失数据。从具体的实例来说，魁北克金融市场管理局（Quebec financial markets authority）在其金融技术实验室成功测试了监视机器学习算法，以识别场外衍生品数据中不同类别的非结构化自由文本字段。该实验室目前正在测试基于算法的警报，以自动检测不符合强制清算要求的交易。

（8）监察及欺诈侦查。

①新加坡金融管理局（MAS）利用人工智能相关技术检测单个实体提交的可疑交易无法检测到的复杂洗钱和恐怖融资模式，并识别值得特别关注的可疑交易。这些为高风险事务集中了资源。

②SEC 利用大数据开发文本分析和机器学习算法来检测欺诈和不当行为；使用机器学习识别 SEC 文档中的模式，该模型还可以识别足够数量的投资经理文件。

③澳大利亚证券投资委员会（ASIC）将 NLP 技术与其他技术相结合，从证据文件中获取利益实体及其关系并将其可视化；使用机器学习软件识别误导市场实践的特定领域。例如，UB 行业取消了客户资格，锁定了会计师。

④为了通过银行系统打击犯罪（如洗钱），意大利银行将银行转账的细节与报纸信息（包括 50 GB 以上的结构化和非结构化数据）联系起来。

(9) 货币政策与系统风险分析。

①监管机构利用人工智能相关技术识别系统风险和风险传导渠道，例如，文本认为 Twitter 情绪代理变量零售储户对银行的信心，试图捕捉潜在的公众不信任威胁金融稳定的银行系统。

②央行使用人工智能相关技术进行货币政策评估。例如，宏观经济和金融稳定方面的大数据增长在经济预测中最为普遍，尤其是通胀和物价指数；其他包括失业预测、GDP、物价、旅游活动和经济周期（例如，使用情绪指标）。

4.5.3 人工智能相关技术对金融领域未来的影响

(1) 对金融市场未来的主要影响。

负面影响包括：第一，内部人士或网络罪犯可以使用先进的优化技术和可预测的行为模式来操纵市场价格。第二，如果基于人工智能相关技术的交易员表现更好，就会鼓励更多的交易员采取类似的策略，从而降低策略的盈利能力。第三，人工智能相关技术在高频交易中的应用可能成为新的脆弱性来源，即大规模交易活动几乎同时加剧市场波动。第四，如果市场参与者使用类似的人工智能技术，可能存在金融稳定风险。

积极的效果包括：第一，交易和投资策略可以根据环境的变化迅速调整，完善整个金融市场的价格发现机制，降低整体交易成本。第二，收集和分析更多的信息，减少信息不对称，促进市场参与者了解市场价格形成与各种因素的关系，提高市场效率和稳定性。第三，提高交易速度和效率，增加金融市场流动性。

(2) 对金融机构未来的主要影响。

负面影响取决于不确定性。第一，深度学习交易中的串通问题没有得到解决。换句话说，如果算法交互的方式被视为阴谋，那么，就像人类一样，它们证明意图可能是个问题。第二，存在盲点。金融机构和监管机构等人类用户很难掌握人工智能相关技术交易和投资决策的流程和沟通机制，也很难理解不良事件是如何发生的，需要采取什么预防措施。第三，风险可能被低估。如果每个投资者在没有充分了解应用程序潜在损失及其尾部事件的情况下进行投资，它可能会低估整体风险并增加损失成本（如诉讼成本）。第四，损害赔偿责任很难区分。如果第三方开发的人工智能相关技术工具给金融中介造成了巨大的损失，执行交易的一方能否独自承担损失，监管机构和其他方能否向工具开发商索赔损失？第五，高度依赖少数具有重大风险的重要第三方。如果一家大型人工智能提供商破产或面临运营风险，它可能同时摧毁大量金融机构；如果人工智能相关技术被用于金融机构的"关键任务"，风险可能会更严重。

积极的影响包括：第一，AI 的规模和开源性质可以促进金融机构与电子商务、共享经济等行业的合作。第二，推动更多金融机构使用人工智能来处理业务和自动化日常业务流程；促进客户识别和产品定制；分配更多的资源给教授；列出或添加潜在客户。第三，研究发现过度的风险承担和复杂的交易可以为金融机构设计更有效的风险管理对冲策略，促进更多的信贷平台，实现借款人与贷款人的直接联系，减少银行贷款。第四，除降低银行的杠杆率来实现金融机构多元化的风险分担外，还可以利用风险预警可以使金融机构更好地管理风险，使整个系统受益。第五，保险机构应根据被保险人的行为调整保费，提供个性化的保单，降低道德风险和逆向选择的程度。

（3）对消费者和投资者未来的主要影响。

负面影响包括：第一，这会导致信用评分、信用可用性和保险方面的歧视。即使不收集种族、宗教和性别等敏感数据，人工智能相关技术和机器学习算法也能产生与这些指标隐含相关的结果（例如，基于地理或其他个人特征）。第二，利用公共数据分析客户特征会导致数据隐私和信息安全问题。

积极的影响包括：第一，降低金融服务成本，使消费者和投资者支付更低的费用和借款成本。第二，通过大量的数据分析，掌握每个消费者或投资者的特点，提供更加个性化和个性化的金融服务。第三，为消费者和投资者提供金融服务。例如，提供机器人帮助人们投资资产市场；为金融科技信贷提供先进的信用评分，为消费者和中小企业提供更广泛的资金来源。

（4）人工智能相关技术对金融领域未来的宏观影响。

人工智能相关技术会影响金融市场集中度，由于只有少数大公司能够开发和使用最创新的人工智能技术，更高的垄断将导致某些功能进一步集中在金融市场。同样，大数据的获取也是一个系统重要性的来源，特别是如果企业利用其独特的大数据资源来实现规模经济。

人工智能相关技术会对银行体系重要性产生影响，人工智能相关技术可以通过打破传统的银行服务模式，专注于狭义业务，而不是提供综合服务，从而降低大型综合银行的系统性重要性。如果通用电气依赖于类似的算法或数据，它们对系统冲击的脆弱性可能会增加。如果大银行通过人工智能相关技术成功获得市场力量，它们的系统重要性将会增加。一般来说，很难确定它对银行体系重要性的影响。

人工智能相关技术会对金融网络和关系的影响，人工智能相关技术可以以新的方式加强金融市场和金融机构之间的关系。例如，金融机构使用大数据的能力可能导致在更大程度上依赖以前无关的宏观经济变量和金融市场价格。当发现产生"不相关"利润或回报的算法时，它们可以大规模地用于增加市场相关性和澄清不可预测的相互关系。极端冲击可能对金融体系的连通性产生负面影响，例如，如果许多金融机构的关键功能依赖于相似的数据源和算法策略，一旦数据源受到影响，它将影响的不是单个金融机构，而是成千上万看似独立的金融机构。因此，人工智能工具的集体使用对金融稳定构成风险。

4.5.4 关于在金融领域使用人工智能相关技术的一些思考

目前，世界上还没有统一的人工智能相关技术监控标准。鉴于这种高风险，一些国际标准制定组织和监管机构分析了与算法交易相关的一些风险。加强人工智能相关技术监管的一些思路主要体现在以下几个方面。

第一，FINRA 指出，基于人工智能相关技术和机器学习算法开发模型的公司应该有一个良好的开发过程，以确保在每个开发阶段都考虑到潜在的风险。这对于避免市场滥用或混乱尤为重要。

第二，全球监管机构高级代表论坛——高级监管机构（SSG）发布了监管机构在评估行为时应考虑的原则，并严格控制银行的算法交易活动。

第三，国际证券监督管理委员会（IOSCO）分析了包括算法交易在内的新技术对市场监管的影响，并提出了一些值得考虑的建议，如数据收集和跨境合作。

第四，BCBS 曾建议，一个强大的人工智能相关技术开发过程应该提供符合用户目标和企业风险偏好及预期的产品，并符合公司的内部政策和程序。为了支持新模型的选择，公司应该提供关于证据开发、行为特征和理论结构、输入数据的类型和使用、数值分析程序和特定数学计算以及书面文本的关键假设（UAGE 和协议代码），并在每个开发阶段构建检查和平衡。

虽然金融部门使用人工智能相关技术的数据有限，但我们可以看到，许多方面都在积极使用人工智能相关技术，并改变金融服务的实施方式。现在是时候开始考虑人工智能相关技术对金融的潜在影响，而不是未来。虽然分析是初步的，但由于它的广泛应用，还将进一步深化。

（1）人工智能相关技术可以帮助建立一个更有效的金融体系。一个是面向行动的应用程序，它有助于改进风险管理、欺诈检测、合规管理和降低成本，在投资组合管理中更有效。另一个是面向客户的应用程序，它帮助更有效地处理信用风险信息，以更低的成本实现客户交互，产生最大的影响。最终加强有效信息处理，减少价格失衡，尽早减少交易拥堵，提高金融市场的效率和灵活性。此外，金融监管可以提高金融市场的效率和灵活性。网络效应和新技术的可扩展性可以提高一些接受人工智能服务的大型科技公司和金融机构的可信度、规模和连通性。如果这些大公司遭受重大业务中断或破产，这种依赖和相互关系将产生系统性的负面影响。这样，新的具有系统重要性的机构可能会在未来出现。这可能导致新的金融稳定，是一种风险。

（2）人工智能技术既不可理解，也不可审计。现实情况是，许多公司利用人工智能技术开发交易策略，因为太复杂，它允许公司和监管机构的预测模型和算法影响价格，市场的金融市场模型的相互作用可以产生意想不到的或负面影响。此外，现有的技能和专业知识也使监管机构难以有效地审计 AI 模型/算法。由于难以掌握其新的决策过程和沟通机制，其新的风险难以揭示。深化对智能技术的认识，是风险管理、增强公众和监管机构对重要金融服务的信任的重要条件。

（3）人工智能相关技术可能导致盲目调整。如果这些金融工具的供应商开始向金融机构和零售客户提供金融服务，这些金融活动也可能不受监管。因此，当金融机构将关键功能外包给第三方人工智能服务时，一些提供商可能无法进行调整。针对这些问题，一些国际标准机构对中国的一些规定进行了研究和讨论。

4.6　信息安全在金融科技中的应用

缺乏安全专业人员是业务安全专业人员担心安全工具和解决方案不能充分工作的原因之一。金融机构几乎一致认为，专业安全人员的缺乏是安全问题难以解决的最大原因，安全技术和产品从来不是安全问题的根本原因。因此，越来越多的金融机构开始意识到信息安全在企业发展中的作用不再只是"降低风险"，而是企业发展的"核心竞争力"。更多的金融机构将继续投资于信息安全预算，更多的安全人员将被招聘。然而，随着证券市场的对专业要求的提高和攻击复杂性的增加，大量金融机构缺乏安全人员将成为常态。由于安全预算和人才短缺是正常的，通过第三方安全服务和安全服务包来缓解安全问题已经成为许多金融机构的一种选择。建立威胁情报共享系统已成为金融机构的共识。2016年，大数据和移动技术推动了金融业的发展，甚至改变了人们的生活方式。在这种快速发展中，攻击的范围不断扩大，金融机构的安全问题日益突出，对情报机构的建立构成了威胁。共享机制共同抵御外部攻击或成为一种趋势。

4.6.1 金融行业的主要安全问题

《中华人民共和国网络安全法》的一些规定为企业的信息安全保护提供了法律依据。法律的颁布和实施也表明了这一问题的紧迫性，所有金融机构最重要的安全问题是"信息泄露"。信息泄漏问题不仅非常大，而且已经被没有遇到信息泄漏的金融机构广泛关注。金融机构对安全问题的反应快于市场平均水平，但还不够快。网络金融的移动应用已经成为应用安全的主要问题，包括应用伪造、通信数据明文传输、敏感信息泄露等。传统金融机构远比网络金融脆弱，整个金融部门的脆弱性和所面临的安全困难是不容乐观的。

随着互联网的发展，企业组织面临的攻击范围越来越大。大多数金融机构已经意识到，需要担心的问题不是攻击是否会发生，而是攻击何时发生——建立适当的保护是不现实的，而是通过限制攻击者的行动范围，将风险和威胁的影响降到最低。作为一种可行的措施，金融机构可以将所有的安全工具简化为相互连接和集成的安全体系结构，从而简化检测和减轻威胁的过程。总体而言，金融机构在测试和解决安全问题上的投资比以往任何时候都多，重点是预防。

近年来，数据泄露的数量急剧增加。根据身份盗窃资源中心（identity theft resource center）和互联网监控机构（internet surveillance agency）的数据。盗窃数量在2017年前11个月继续飙升至102%，比2016年的1093人上升了10%。

金融作为网络安全的支柱产业之一，由于其特殊性，一直是网络犯罪的主要目标。目前金融数据已成为刑法关注的焦点。

2018年3月,平安科技与绿地科技联合发布《2017年金融科技安全分析报告》。结合最新的案例和丰富的信息资源,直接分析了各种威胁的现状和趋势。金融技术安全的现状和安全趋势值得关注,金融业务已蒙上阴影,约60%的金融部门使用各种云服务。金融机构缺乏业务流程,只有32.9%的企业采用SDL开发。信息安全不容忽视,71.3%的企业计划增加安全预算投入,只有21%的企业计划扩大安全团队。

在大数据时代,数据的价值得到了充分的释放,数据安全成为金融行业极为宝贵的堡垒。一方面要遵守国内外数据保密的法律法规;另一方面,要加强企业的数据保护能力,防范数据转售风险。

据中国互联网信息中心发布的第35份《中国互联网发展统计报告》显示,2014年中国网民数量达到6.49亿,手机网民数量达到5.57亿。其中,在线支付用户达到3.04亿,移动支付用户达到2.17亿。2014年也是中国互联网金融的第一年。互联网金融作为一种金融创新,随着人们对互联网金融关注度的提升和规模的不断扩大,已经发展成为第三方支付、P2P网贷、大数据金融、众筹、信息化金融机构、互联网金融门户等多种模式。据媒体报道,中国的互联网金融市场已经是世界上最大的。同时,国内网络安全技术平台和安全保护机制不成熟,互联网金融参与者对数据安全、客户信息安全风险防范意识薄弱,应得到重视和认识。

十大信息安全风险总结如下:风险与安全问题的财务信息主要来自黑客对网络金融的频繁攻击、系统漏洞、病毒与木马攻击、用户信息泄露、用户安全意识薄弱、不良虚假财务信息传播、移动金融威胁逐步暴露等方面。

(1) DDoS攻击。阻止此类内容推广的DDoS攻击是目前网络恶意攻击最有效的形式。近年来的案例表明,不同规模的银行面临着不同形式的DDoS攻击,包括传统的SYN攻击、DNS泛洪攻击、DNS扩增攻击、应用层DDoS攻击等,这些都难以抵御应用层和内容的攻击。

(2) 有组织、有目的的金融网络犯罪组织的兴起。为了经济利益,攻击者从个体攻击转变为有针对性的群体攻击。从敏感信息的收集和销售,到假冒的制卡和网上银行木马的定制,在网络上可以找到相应的服务提供商,形成一个完整的以金融网络犯罪分子为中心的经济产业链。

(3) 互联网业务支持系统的安全漏洞。今天的互联网充斥着病毒、蠕虫、僵尸网络、间谍软件和 DDoS，所有这些都或多或少利用了互联网商业支持系统的漏洞。如 Apache struts2 远程代码执行漏洞，漏洞的爆发直接导致国内多家银行受到恶意攻击。

（4）信息泄漏。在 Internet 环境中，事务信息通过网络传输。一些交易平台在"传输、存储、使用、销毁"环节没有建立完善的敏感信息保护机制，大大增加了信息泄露的风险。

（5）木马病毒。目前，网上银行的木马程序、密码嗅探器等病毒不断更新。通过窃取客户信息，直接威胁到网上银行的安全。如果用户没有在电脑上安装相应的软件来杀死木马病毒，他就很容易被感染。

（6）网络钓鱼。虽然金融机构非常重视钓鱼网站所带来的金融信息的危害，但国外网络空间已经建立了大量的钓鱼网站，增加了安全监管的难度。

（7）有针对性的攻击。直接与交易、货币相关的金融行业因其以利润为导向的性质成为黑客攻击的首选，成为网络攻击的重灾区。

（8）移动的威胁。移动金融信息的风险主要是由于移动应用软件信息安全的隐患和用户防范意识薄弱，给用户造成了严重的经济损失，也给移动金融的发展带来了障碍。

（9）内部控制风险。互联网金融服务的内部控制风险通常与不恰当的操作和内部控制程序、信息系统故障和人为失误密切相关，当内部控制和信息系统存在缺陷时，可能会导致意外损失。

（10）外包风险。直接与交易、货币相关的金融行业因其以利润为导向的性质成为黑客攻击的首选，成为网络攻击的重灾区。

4.6.2 信息安全在金融领域的落地方式

在金融信息安全领域，值得注意的应用领域主要包括以下三类。

（1）数据库漏洞与利用。

数据库勒索也是黑客攻击金融业的一种常见方式。许多数据库访问接口在没有完整的访问控制策略的情况下直接公开到 Internet。数据库控件可以直接通过弱密码或空密码获得。黑客控制了数据库，加密或销毁了数据，从而威胁受害者支付赎金。MySQL 中出现了最严重的漏洞，MySQL 例外，PostgreSQL 漏洞在过去三年中迅速增长。风险和高风险脆弱性统计，数据库漏洞的威胁严重威胁着数据库的安全。从不同的角度来看，数据库有许多不同的类别。根据漏洞的属性，数据库漏洞可以分为两类：数据库的特殊漏洞和软件的一般漏洞。技术响应：①应用数据库漏洞扫描技术，有效暴露当前数据库系统的安全问题，持续监控数据库的安全状态，对检测到的数据库漏洞进行分析，并给出针对性的修复建议、命令和脚本。XECUT需要一些步骤来修复这个漏洞。②首要考虑的依然是积极修补系统漏洞。官方补丁可以解决95%的问题，而数据库攻击的往往是非常古老的漏洞，只有非常小的百分比。③如果由于测试结果或环境问题无法获得补丁，只能使用具有虚拟补丁能力的数据库防火墙技术进行安全增强。大多数已知的数据库漏洞攻击都可以通过基于规则的虚拟补丁进行保护。

（2）内部员工数据转售。

根据身份盗窃资源中心和CysScCube的数据，2017年报告的数据盗窃案多达1500起，2016年报告的数据盗窃案高达37%。美国运营商威瑞森（Verizon）发布了一项数据泄露调查，发现25%的泄密是由内部人士造成的。数据泄漏的原因，进一步通过研究数据可分为三类：业务人员利用业务系统的查询功能窃取大容量数据。操作维护者直接使用权威数据库账户批量连接到数据库以导出数据。大量的实际生产数据存储在测试库中，为测试人员打开了大门。其中，第三种披露方式体现了企业生产数据管理不善的主要责任：生产环境留下的生产数据不敏感，已成为金融业数据安全的重要标准。作为一个信息泄露率高的行业，金融业应该完善敏感的信息保护措施，加强内部管理，建立必要的制度和控制机制。鉴于逐步推进安全体系建设的需要，应从人员安全意识、问题解决、管理体系完善等方面入手。

第一步，依靠政策、法律、法规、培训意识和教育来遏制非法活动。

第二步，控制业务系统收集数据的能力，通过技术手段完全切断内部人员窃取数据通道，避免业务人员通过业务系统批量输出数据，防止泄漏事件的发生。

第三步，注重技术手段的监督审计，形成完整的责任管理体系。

然后，针对上述金融内幕交易数据风险情景，加强数据安全技术水平。利用数据库防火墙的门限控制功能，防止批量数据的导出和敏感数据的编辑和窃取。建立运维系统，结合运维管理技术，控制运维人员行为，主要控制DBA及第三方人员。利用数据资产排序技术对敏感数据进行发现和排序，建立数据资产账户，整理敏感数据列表。建立敏感数据的脱敏机制，防止生产数据在测试环境中再现，根据需要使用脱敏技术对个人和业务敏感数据进行转换,使用和分发敏感数据,通过扫描和流量分析确定数据。

(3)云服务中的数据窃取。

预计 2017 年中国私有云市场规模将达到 425 亿元,2020 年将达到 7624 亿元。平安金融与绿地理工学院联合发布的《2017 年中国企业金融技术安全调查问卷》显示,约 60% 的中国金融机构使用云服务,其中大部分使用私有云服务,更多地使用云服务。20% 的用户考虑使用公共云或混合云。企业云服务的百分比,在金融行业中使用云服务最重要的安全风险是数据和隐私保护以及访问控制。针对国内外数据安全威胁,结合金融云客户的特点,采用防火墙技术、运维控制技术、动态脱敏技术和加密技术。云数据库防火墙技术用于防止外部黑客攻击,SLB 用于平衡双防火墙的负载,确保数据库访问的连续性。通过云数据库的安全运维,对内部系统进行细粒度的访问和操作权限控制,明确各内部人员的权限范围,采用批量数据导出控制等一系列操作,避免数据资产流失。在正常运行和维护的前提下,应用动态脱敏技术对应用中的敏感数据进行脱敏,确保操作员和维护人员不能查看敏感数据。最后,保证信息可靠的最终手段依然是依靠云数据库加密。

4.6.3 信息安全在金融领域的未来发展路径

互联网金融是以互联网技术的发展为基础的。传统的信息安全系统已经不能再提供可靠的安全保护,尤其是针对 APT 攻击、漏洞攻击或企业内部网络攻击。目前,互联网金融系统的信息安全系统还不能提供足够的保护能力。因此,结合行业观察和相关实践,建议互联网金融企业进行以下安全建设,以确保金融系统信息的长期安全。

(1)制定行业标准。注重防范互联网金融可能出现的系统性风险,坚持线上线下活动一致的原则,重视法律法规的有效衔接,不断完善相关监管制度。同时,政府要有一个统一的分类,制定互联网金融信息安全行业标准分类,引导企业开展相应的信息安全建设、安全运维管理,提高互联网金融企业安全准入门槛。

(2)提高 APT 防护能力。添加 APT 保护控件以加强环境并考虑高级限制,如双重身份验证、网络限制、反垃圾邮件过滤和 WEB 过滤。

(3)增加信息安全方面的投入,互联网金融企业应加大对信息安全技术的投入,从整个信息系统生命周期(ESLC)的角度,整合安全开发、安全产品、安全评估、安全管理等多个方面,实现互联网金融长期有效的安全保障。对于已经联机的生产系统,最紧迫的任务是使用防火墙、数据库审计、数据容灾等手段来提高用户和数据的安全性。

（4）加强信息系统审计和风险控制。增加财务的部署信息系统审计和风险控制系统操作和维护,金融信息系统的安全管理是通过账户管理增强功能,如自动身份验证、加密、授权和资源实时更新,同步监测、审计、回放、自动操作和维护。

（5）突出关键保护系统。详细梳理需要保护的信息资产,从整体利益的角度识别重要的信息资产或系统,然后投入有限的资源保护这些重要的信息资源。

（6）采用自动化控制产品和技术。从防范和拦截、检测和检测、应急处置、审计跟踪和集中控制等方面,研究适合自身信息系统的安全保护策略和机制。进行安全审核、强制访问控制等相关技术；开发安全计算环境、安全区域边界、安全通信网络和安全管理中心的核心技术产品,保护关键信息系统；开发自主计算环境、操作系统、中间件、数据库等基础产品,替代国外软硬件；建立仿真测试环境,通过可靠的测试技术和测试工具,实现信息系统安全检测,减少信息系统安全事件的使用。

（7）核心安全是由可信的团队构建的。构建和保障我国金融信息系统核心安全的机构应具备专业的信息安全服务能力和应急响应能力,具有一定的规模,并拥有安全服务团队的专业扫描检测和渗透检测产品。

（8）外包风险防范。在业务外包实施前,金融机构应结合业务外包的程度、风险集中度和外包给同一服务提供商的风险,制定业务外包的具体政策和标准。同时,在外包过程中进行内部风险评估。

（9）基于大数据和云计算的解决方案。在信息安全水平、保护的基础上,充分利用云计算和大数据的优势,建立合适的网络财务信息系统,建设规范和信息安全管理标准,丰富现有的安全标准,提高整体信息安全保障体系,建立云计算和数据保护体系,完善协调机制,提高协同开发能力。

（10）完善内部控制制度。建立直接向高层领导汇报的风险管理部门,独立于各业务部门进行风险评估、分析和审计；根据自身业务特点,建立完整的工作流系统；根据各个业务环节的风险,对自身的风险特征进行全面评估。根据工作过程中各个环节的风险点,设计规范的内部控制操作方案,有效保证每个工作环节的准确实施。

4.7 对京津冀金融科技应用的展望

4.7.1 监管科技推动金融科技创新

国家高度重视金融风险防控和安全监管，党的十九大报告明确指出要"健全金融监管体系，守住不发生系统性金融风险的底线"。监管科技正在得到更多的关注，将成为金融科技的新应用爆发点。传统模式下事后的、手动的、基于传统结构性数据的监管范式已不能满足金融科技新业态的监管需求，以降低合规成本、有效防范金融风险为目标的监管科技（Regtech）正在成为金融科技的重要组成部分。随着金融科技的广泛应用，金融产业生态发生深刻变革，以互联网金融为代表的金融服务模式创新层出不穷。利用监管科技，一方面金融从业机构能够无缝对接监管政策，及时自测与核查经营行为，完成风险的主动识别与控制，有效降低合规成本，增强合规能力。另一方面金融监管机构能够更加精准、快捷和高效地完成合规性审核，减少人力支出，实现对于金融市场变化的实时把控，进行监管政策和风险防范的动态匹配调整。可以预见，未来1~3年监管科技将依托于监管机构的管理需求和从业结构的合规需求，进入快速发展阶段，成为金融科技应用的爆发点。

4.7.2 应用需求对科技的反向驱动

行业应用需求不断扩展，将反向驱动金融科技持续创新发展。技术在满足需求的同时，也将在需求的驱动下不断发展创新。金融科技应用在推动金融行业转型发展的同时，金融业务发展变革也在不断衍生出新的技术应用需求，将实现对金融科技创新发展的反向驱动。这种驱动可以从发展和监管两条主线上得到显著体现：一是发展层面，新技术应用推动金融行业向普惠金融、小微金融和智能金融等方向转型发展，而新金融模式又衍生出在营销、风控和客服等多个领域的一系列新需求，要求新的技术创新来满足。二是监管层面，互联网与金融的结合带来了一系列创新的金融业务模式，但同时互联网金融业务的快速发展也带来了一系列的监管问题，同样对金融监管提出了新的要求，需要监管科技创新来实现和支撑。从未来的发展趋势看，随着金融与科技的结合更加紧密，技术与需求相互驱动作用将更加明显，金融科技的技术创新与应用发展将有望进入更加良性的循环互动阶段。

4.7.3 多种信息技术相互融合发展

区块链为金融业务基础架构和交易机制的变革创造了条件，它的实现离不开数据资源和计算分析能力的支撑。大数据是基础资源，云计算是基础设施，人工智能相关技术依托于云计算和大数据，推动金融科技发展走向智能化时代。新一代信息技术形成融合生态，推动金融科技快速发展。因此，云计算、大数据、人工智能相关技术和区块链等新兴技术并非彼此孤立，而是相互关联、相辅相成、相互促进的。从未来发展趋势看，在金融行业的具体应用落地方面，金融云和金融大数据平台一般都是集中一体化建设，人工智能相关技术的相关应用也会依托集中化平台来部署实现。云计算、大数据、人工智能相关技术和区块链等新兴技术，在实际应用过程变得越来越紧密，彼此的技术边界在不断削弱，未来的技术创新将越来越多地集中在技术交叉和融合区域。因此，新一代信息技术的发展正在形成融合生态，并推动金融科技发展进入新阶段。

第 5 章 河北省金融科技市场供需状况分析

5.1 全球金融科技市场概况

5.1.1 全球金融科技市场发展

金融科技（Fintech）结合金融（Finance）和科技（Technology）两词，由爱尔兰 National Digital Research Centre in Dublin 定义为将创新的元素融入金融服务。其意味着以科技的方式，针对无效率的金融服务（如业务模式、产品、流程、应用系统等）作出改善。金融科技崛起的核心价值，正是因为它能降低营运成本、差异化服务内容以及增加顾客的黏着度。

新加坡 Fintech 联盟（The Singapore Fintech Consortium）共同创办人 GerbenVisser 提及，在欧美国家很早以前就已经出现金融科技，可追溯到 2008 年，全球金融海啸掀起一波金融产业的浪潮，当时银行出现问题，新创产业开始向银行宣战。瑞士世界经济论坛（World Economic Forum，WEF）在 2015 年 6 月发布《金融服务业的未来——破坏性创新如何重塑金融服务业结构、供应及消费》(*The Future of Financial Services How Disruptive Innovations Are Reshaping the WayFinancial Services Are Structured，Provisioned and Consumed*) 报告指出，科技发展加速了金融业的破坏式创新，Fintech 的发展将对银行、保险、证券等传统金融业的商业模式，带来全面性的冲击，其中，银行业所感受的冲击最早，但长远来说，却是对保险业冲击最大（World Economic Forum，2015）。另外，金融科技也造就了一波新兴的产业。仅 2014 年全球关于金融科技的投资金额就多 122 亿美元，其所带来的潜在利润，预估将高达

6.6 兆美元（Der Finanzprodukt Blog, 2015）。

发展 Fintech 已成为提升国家竞争力的重要策略，世界各国（如美国、英国、新加坡、韩国、澳大利亚、中国、德国、泰国、以色列等）规划金融科技相关的蓝图，制订金融科技创新计划，成立相关推动组织，打造金融科技智慧中心，并倾注庞大投资，各国无不想尽办法利用 Fintech 来创造更大收益。

根据 Marketresearch.com（2015, 2016）及 KPMG & CB insights（2015, 2016）调查报告，全球金融科技的投资金额从 2013 年的 40 亿美元，2014 年的 122 亿美元，成长至 2015 年的 191 亿美元，约成长 500%；就 2014 年投资金额而言，美国投资比例占 63%，欧洲为 18%，亚洲 12%；根据 KPMG 及 CB Insights 共同发布的 2016 年全球金融科技趋势报告，预估 2016 年全球金融科技投资金额将达到 300 亿美元，相较于 2015 年 191 亿美元将成长 57%。

从企业数目以及融资额来看，全球金融科技产业正处于高速增长态势。波士顿咨询公司的研究数据显示，2016 年全球金融科技企业数量增长了 167%，达到 8000 家，约是 2015 年的 2.7 倍；2016 年全球金融科技初创企业融资额增长了 364%，达到 839 亿美元，约是 2015 年的 4.5 倍。

根据 CB insights（2015, 2016）调查报告，市值超过 10 亿美元的金融科技独角兽的新增数，2013 年新增 7 家，2014 年快速增加 44 家，而至 2015 年则增加至 78 家。截至目前，在 CB insights 网站所列家数将有 175 家。而从 2011 年至 2016 年第二季，独角兽新增家数，前十名分别为：美国、中国、印度、英国、德国、韩国、新加坡、瑞典、以色列及加拿大。韩国及新加坡的增加数均为 3，而瑞典、以色列及加拿大的增加数均为 2。

5.1.2 北美地区金融科技市场发展相对均衡

北美地区金融科技市场较为成熟，各细分领域的企业融资规模相对均衡。其中，支付领域的企业融资规模占比最高，达到 30%；数据分析次之，占比为 18%；占比最少的信贷/众筹领域也达到了 14%。相比之下，从融资分布领域来看，亚太地区金融科技市场仍处于快速成长阶段，各细分领域的企业融资规模差别较大。其中，信贷/众筹领域的企业融资规模占比最高，达到 42%；支付次之，占比为 32%；数据分析最少，仅为 4%。

在美国，Fintech 这个名词早在 1980 年年初就已经在华尔街使用，而 Fintech 的出现也是在美国特殊的行业发展环境下自发成长，政府并未介入。美国的金融科技市场十分成熟。美国金融市场经过逾百年的发展，能够提供比较完善的、全方位的产品和服务。发展年代较早的银行金融机构实力雄厚，极具竞争力，竞争也十分激烈，传统的银行金融机构一直非常积极地在利用互联网等科技进行金融服务的创新。美国的金融科技行业，只能在传统大金融企业不涉及的新领域里发展，例如，信用卡市场的发展现状抑制了网上支付的发展。美国的金融科技发展地域分布比较集中，最有代表性的是硅谷和纽约。美国的金融科技从硅谷起源，硅谷拥有相对成熟的金融科技专业人才，金融科技生态系统内完善的互连结构，使创业企业能从具备金融科技投资经验的大型风险投资基金中获益。根据德勤的一份调查报告显示，2016年全球金融科技中心排名分别是伦敦、新加坡、纽约和硅谷。纽约是全球金融中心，紧密依托华尔街庞大的资本基础和既有的金融市场专业人才，纽约涌现出一批金融科技机构。硅谷的最大优势是科技创新，众多的金融科技独角兽企业在此孵化而生，而 GAFA 四大企业 Google、Apple、Facebook、Amazon 也将持续在金融科技领域扩大投资。美国顶级的金融科技公司有很多，如总部设在芝加哥的 Avant 专注在线借贷领域，为介于优极信用和次级之间的人提供服务。截至 2016 年 8 月，已融资 6.59 亿美元。在毕马威 2016 年公布的 Fintech 全球企业 100 强中，Avant 列全球第 8 位。还有一些企业在金融细分领域中较有影响力，如专注于互联网保险的 Oscar Health，以及专注于财富管理的 Wealthfront。

5.1.3 亚太地区金融科技市场发展处于高速成长期

北美地区金融业发展较为成熟，金融服务人群覆盖比例高，消费者对基本金融需求满足度较高，金融科技侧重于为消费者提供更加便捷的金融服务，作用更类似于"锦上添花"。在亚太地区，特别是以中国和东南亚各国为代表，金融服务水平相对滞后，仍存在大量未开发市场，金融科技使金融服务触及海量长尾用户，作用更类似于"雪中送炭"。整体来看，亚太地区对金融科技应用的市场需求广阔，发展潜力巨大。

新加坡是世界领先的金融中心和世界金融科技领域领先地位的有力竞争者。新加坡在政府支持、资金来源、创新中心建设和监管"沙盒"设立等方面都做得非常出色。新加坡的经商便利程度较高、英语作为商务语言的优势使其成为全球金融资本进入亚洲市场的首选门户。2016年是金融科技（Fintech）在新加坡飞速发展的一年，与金融科技相关的宣布和活动层出不穷。目前已有超过300家金融科技起步公司落户新加坡，超过20家跨国金融机构和科技企业也在本地设立创新实验室和研究中心，其中过半数都是在2016年设立。全球最大的金融科技中心LATTICE80也于2016年在新加坡成立。新加坡有很多顶级的金融科技公司，如Bluzelle，Dragon Wealth，Fastacash，MatchMove Pay，MoolahSense，Crowdonomic，Otonomos，Fitsense等。以Call Level为例，推出了实时财务监控App，针对想即时更新大宗商品和资产价格波动的用户，为其提供实时财务监控和云端通知提醒服务，目前覆盖了超过5000种资产类型，包括股权、外汇、期货、比特币等。未来Call Levels还将为金融机构（如银行）推出一款个性化版本，帮助它们为财富管理客户提供更好的服务。又如Bluzelle，主要业务是为银行和保险公司提供供应链金融的支持，其也入选了毕马威2016年全球金融科技100强。

澳大利亚的金融科技行业正在快速发展，是金融科技的"后起之秀"。毕马威一份报告中称，澳大利亚拥有先进的互联网银行和移动终端产业，是全球金融市场进入亚洲生态经济区的理想入口。根据ACB News的数据显示，2016年澳大利亚的金融科技投资额大幅度上升，25项交易共产生6.56亿美元投资。毕马威国际金融科技业务全球负责人兼毕马威澳大利亚银行业务主管伊恩·波拉里（Ian Pollari）称："短短五年里，从2012年金融科技仅融资5100万美元，到2016年融资超过6亿美元，澳大利亚已经创建了一个健康活跃的金融科技行业。"澳大利亚有很多世界顶尖的金融科技公司，根据毕马威的一份报告显示，全球前100的金融科技公司澳洲有9家。其中，prospa，Tyro和SocietyOne进入了前50强。世界经济论坛发布的《2016年的全球信息科技报告》中指出，由于澳大利亚仍严重依赖采矿业，2015年12月开始的国家创新与科学发展规划，如能够全面实施，可能有助于澳大利亚经济朝着更高的方向发展创新，弥合一些差距，特别是在风险资本的可用性（全球第40）和通过信息通信技术创造新的商业模式（全球第41）。近期，澳大利亚新兴金融科技生态系统获得政府关注，联邦政府出资约5亿英镑致力于创新相关产业。

2016年，中国带动亚洲替代北美成为全球金融科技投资第一目的地，多个昔日独角兽已成长为巨龙。2016年前9个月，中国金融科技公司获得融资占全球金融科技公司融资总额的份额超过50%；2016年，首次超越美国位列全球第一。中国拥有3笔全球最大金额的投资,其中京东金融获得10亿美元的投资。而且,中国是2016年唯一金融科技融资额有所增长的地区。

金融科技市场定位对比如表5-1所示。

表5-1　　　　　　　　　　金融科技市场定位对比

项目	北美	亚太
市场现状	消费者基本金额需求满足度较高;金融服务人群覆盖比例高	大量消费者没有获得正规的金融服务
市场定位	在零星领域起补充作用,侧重于为消费者提供更加便捷的金融服务	服务广大的未开发市场,侧重开长尾用户的拓展
市场价值	"锦上添花"	"雪中送炭"
落地方式	原创技术,并自主探索新的商业模式	快速地借鉴,并根据当地环境改变商业模式

5.1.4　国内及京津冀地区金融科技市场概况

在一连串的P2P出事后,国务院极力整顿金融行业,一行三会(人民银行、银监会、证监会、保监会)分别专责网络支付、网络借贷、股权众筹和互联网保险等业务。2015年7月18日,由中国人民银行等10部委发布《关于促进互联网金融健康发展的指导意见》(银发〔2015〕221号,以下称《指导意见》),为互联网金融不同领域的业务指明了发展方向,其积极鼓励互联网金融平台、产品和服务创新,鼓励从业机构相互合作,拓宽从业机构融资管道,推动信用基础设施建设和配套服务体系建设。在《指导意见》提出前,互联网金融存在着大量的"三不管"地带,不出现严重的问题,监管部门不会也不方便出手。一方面,确实推动了创新;另一方面,风险的积累和传导也变得不可预料。《指导意见》按照"依法监管、适度监管、分类监管、协同监管、创新监管"的原则,确立了互联网支付、网络借贷、股权众筹融资、互联网基金销售、互联网保险、互联网信托和互联网消费金融等互联网金融主要业态的监管职责分工,落实了监管责任,明确了业务边界。《指导意见》,除了负责金融监管的《一行三会》以外,其他和互联网有关的部委均有参与,体现了协同监管的原则,对部委之间的协调要求更高。互联网金融行业从业机构应按照《指导意见》的相关规定,依法开展各项经营活动。

国务院 2015 年 8 月 31 日发布《促进大数据发展行动纲要》，将数据视为国家基础性战略资源，运用大数据推动经济发展、完善社会治理、提升政府服务和监管能力。2016 年 10 月 13 日，国务院办公厅公布了《互联网金融风险专项整治工作实施方案》，对互联网金融风险专项整治工作进行了全面部署安排。

以整治过程中发现的问题为导向，按照边整边改、标本兼治的思路，抓紧推动长效机制建设，贯穿整治工作。例如，建立互联网金融产品集中登记制度，研究互联网金融平台资金账户的统一设立和集中监测，依靠对账户的严格管理和对资金的集中监测，实现对互联网金融活动的常态化监测和有效监管。加快推进互联网金融领域信用体系建设，强化对征信机构的监管，使征信为互联网金融活动提供更好的支持。强调行业自律，构建自律惩戒机制，开展风险教育，法规监管与自律管理相结合。

从全球范围来看，金融科技致力于降低金融服务成本，解决信息不对称问题，将更多的金融资源配置到实体经济发展的关键领域。由此，对于金融科技研发与实践的资本投入力度也在不断加强。据第三方数据机构统计，2010 年上半年，全球至少发生了 569 笔金融科技投融资，涉及金额约为 2760 亿美元，同比增长 346.3%；其中，国内的金融科技企业获得的融资总额达到了 2300 亿元，占全球总规模的 83.3%。

5.1.4.1 发展历程

以时间为序，可将中国金融科技的发展历程分为四个阶段：金融电子化、金融信息化、互联网金融与金融科技。

（1）金融电子化：20 世纪下半叶，随着电子技术的发展，中国金融行业开始探索电子技术在银行业务中的应用。1993 年，国务院在《有关金融体制改革的决定》中明确指出："加快金融电子化建设。"在国务院的统一部署下，中国人民银行和银行业金融机构共同深入探索行业电子化建设之路，通过持续运用现代通信技术、计算机技术等开展金融业务和管理，提升服务的工作效率，提高业务的自动化水平。

（2）金融信息化：2001～2005 年，中国金融机构在利用现代通信网络技术的基础上，更加注重数据库技术的应用。中国银行业尝试以现代通信网络和数据库技术为基础，将银行业务数据逐步集中汇总，提升服务水平和管理水平。

(3) 互联网金融：2006 年之后，金融机构移动互联网技术和业务深入融合，出现网络化发展趋势。信息技术与金融业务紧密结合，渗透到金融业务的方方面面，系统整合、业务流程再造、金融系统互联和信息共享、信息安全保障体系和风险防控体系建设、标准化体系建立成为这一阶段的关键任务。同时，移动互联技术的发展催生出大量的业务模式、新的载体和业态。

(4) 金融科技：金融基础设施建设是金融体系的基础，也是金融健康发展的基石，支付信用、信用环境、法律环境、公司治理、消费者保护、金融监管等方面的建设，为金融科技的发展奠定了基础。2013 年至今，中国在大数据、云计算、区块链、人工智能、移动互联网等新一代信息技术方面的应用，科技在提升金融效率、改善金融服务方面的影响日渐显著。金融科技已全面融入支付、借贷、保险、证券、财富管理、征信等金融领域。

5.1.4.2 市场格局

(1) 京津冀地区。

北京是金融科技行业的监管部门所在地，拥有在科技与信息工程领域世界排名前茅的众多高校，同时，北京的金融科技企业数量较多，在毕马威中国 2016 年发布的《中国领先金融科技公司 50 强》中，北京有 21 家金融科技公司入围了 50 强。

北京市副市长阴和俊在 2018 年金融街论坛年会上的演讲中也表示，2017 年北京金融科技融资额达到 263 亿元，占全国的 33%，同比增长 237%，已经成为全国金融科技投资最为活跃的地区之一。

中关村吸引聚集了超过 150 家金融科技企业，其中获得第三方支付牌照的中关村企业共 56 家，占全国的 20%，获得企业征信备案的中关村企业共 40 家，占全国的 30%，居全国首位。在人工智能、大数据、区块链、移动支付、监管科技、供应链金融、互联网保险、智能投顾等领域涌现出了一批领军企业。

天津东丽区投资 200 亿元打造国内首个科创金融小镇——东丽湖科创金融小镇。小镇定位为：北方股权基金集聚区、京津冀科创金融示范区、北方金融后台服务中心。目前，已完成产业策划和城市设计等工作。科创金融小镇规划总占地面积约 4.1 平方公里，包括金融核心区、生活配套区和生态涵养区三个板块。天津将以金融为核心，以配套产业为融合，以生活服务为支撑，打造"生产、生活、生态"融合发展，宜居、宜业、宜游三位一体的科创金融小镇。按照规划，到2020年年底，小镇聚集以股权基金为主的金融机构及周边机构超500家，资金管理规模1500亿元人民币。到2025年年底，吸引各类金融机构及周边机构1000家，资金管理规模超过5000亿元人民币，金融科技企业和高新技术企业超过300家，聚集高端人才超过1万人。

与之相比，河北省金融科技产业起步较晚，发展缓慢，与北京等发达地区差距较大。目前，尚未有一家成规模的金融科技公司，也没有发展出成型的金融科技产业聚集区。

（2）上海。

上海是国内的金融中心，也是互联网经济比较发达的领域，金融科技发展具备良好基础。京沪之争是永恒的话题，相比于北京，上海的金融科技实力不可小觑。上海是金融科技企业竞争的必争之地。毕马威发布的《中国领先金融科技公司50强》中，上海有15家金融科技企业入围。

（3）深圳。

深圳是金融机构云集之地，互联网创业的氛围也非常浓厚，为金融科技发展奠定了基础。毕马威发布的《中国领先金融科技公司50强》中，深圳有7家金融科技企业入围。

（4）杭州。

杭州金融科技行业发展势头近年来比较迅猛。毕马威发布的《中国领先金融科技公司50强》中，杭州有5家金融科技企业入围。

（5）香港。

香港特别行政区具备发展金融科技的优质"土壤"，拥有较为完善的法制、充裕的专才、发达的信息资讯以及投资初创企业的多方资金渠道等优势。德勤的报告中指出，香港特别行政区在2016年全球金融科技中心排名中列第5位，前4位分别为伦敦、新加坡、纽约和硅谷。

（6）台湾。

台湾正在积极发展金融科技行业，其拥有金融体系完善、征信体系健全、资讯基础雄厚、用户对新科技的尝试意愿较高等优势，近期台湾地区金融管理机构通过大幅放宽金融业转投资金融科技相关产业限制，借此推动台湾金融科技行业的发展。

5.1.4.3 市场特点

(1) 金融科技产业发展位居世界前列。

2017年毕马威咨询公司发布的《全球金融科技100强》报告中，排名前10的企业中，中国公司有5家，占据半壁江山。特别是排名前3的公司都是中国企业。其中，蚂蚁金服依靠出色的技术优势以及金融销售服务模式，成为全球金融科技企业的典型代表；众安保险凭借出众的保险科技生态系统以及高速的业务发展位居次席；趣店则依托海量在线借贷业务，在排行榜中位居第3。以上3家企业体现了中国金融科技行业在全球范围内的领先发展态势。

同时，Visual Capitalist公司研究数据显示，2016年全球金融科技独角兽企业（估值超过10亿美元的金融科技私营初创企业）数量为27家，中国公司有8家，仅次于美国，排名第2。2016年全球金融科技独角兽企业估值规模为1389亿美元，中国企业为964亿美元，占比约70%，全球排名第1，领先优势十分突出。

(2) 金融科技用户渗透率快速提升。

美国国际贸易署（ITA）发布的《2016顶级市场报告》认为，中国金融科技市场总体发展居全球第2位。从用户渗透率来看，2013~2016年，网络信贷、网络资管和电子支付的用户渗透率均处于显著上升趋势，预计2020年，以上三个细分领域的用户渗透率将分别上升至28.4%、77.9%和83.1%。尤其是电子支付领域，以支付宝和微信支付为代表的移动支付工具快速发展，截至2017年年底，微信支付用户已达到8亿。

(3) 金融科技重点细分领域市场规模成倍增长。

网络资管领域，2016年网络资管市场规模增速超过50%。中国网络资管规模超过2.7万亿元，预计2020年，中国网络资管将超过6万亿元。第三方支付领域，2016年我国支付机构的网络支付金额达到99.27万亿元，交易笔数达到1639.02亿笔。相比2015年，在交易笔数和交易金额上均达到近100%的增长。在网络借贷规模上，2016年我国网络借贷规模达到19544亿元。相比2015年，市场规模增长达到99%。

5.1.5 全球其他地区金融科技市场概况

自2008年以来，英国发展成为全球金融科技中心。近年来，英国Fintech 产业快速发展。从金融科技渗透的行业来看,根据安永金融科技数据库统计,半数以上的英国金融科技公司聚焦于银行和支付,另有约 20% 集中在信用和贷款行业。其中,投资倾向于聚焦后者,这也反映了 P2P 作为替代性金融(Alternative Finance)在英国贷款中的地位。2015 年,伦敦是英国的金融科技中心,也是欧洲最成功的金融科技中心。伦敦活跃着历史悠久的大型银行的创投基金,聚焦金融科技的天使投资人、创投资本家,以及新型金融融资工具如众筹集资和 P2P 借贷等,都是金融新创公司早期阶段营运资金的重要来源。近年来,受益于国家政策,一些伦敦之外的城市凭借着逐渐成熟的商业环境以及较低的运营和生活成本吸引了越来越多的金融科技公司和人才,尤以曼彻斯特为代表,其是英国巴克莱银行(Barclays Bank)和劳埃德银行(Lloyds Bank)的技术根据地,除了 AccessHay 和 DueCourse 等优秀的金融科技公司外,还拥有众多加速器项目(Innovate Finance 等)以及活跃的投资机构(Forth Oest Fund,GMAF 和 MADAS 等)。

5.2 当前金融科技市场供需状况的特点

5.2.1 金融科技市场竞争态势

目前,金融科技市场呈现出"赢者通吃"的态势。金融科技应用打破了传统金融机构的竞争态势,尤其是大量互联网企业进入金融服务市场,在支付等一些典型领域往往形成类似互联网发展模式的"赢者通吃"局面,排名靠前的 2~3 家企业,几乎垄断市场,中小竞争者或者被收编,或者被市场挤出,长远看不利于市场活力和创新能力的保护。而且,这样的垄断往往带来用户入口和数据使用的寡头效应,数据垄断比技术垄断更难突破,容易产生所谓的数字鸿沟问题,形成"信息孤岛",数据整合使用难度增加。从产业链来看,部分金融科技平台依托用户、流量优势形成的市场地位,在与金融机构合作中往往占据优势,抢占了金融服务内容和服务模式的话语权,金融机构的风控机制约束力降低,极易造成金融风险脱离监管视野,带来风险外溢扩张。

5.2.2 金融科技产业应用场景仍有待丰富

目前,以云计算、大数据、人工智能和区块链为代表的新兴技术在金融领域的应用成为发展潮流,金融科技产业发展正吸引着越来越多的关注和投入。然而,从实际应用场景来看,各类技术的应用程度参差不齐,与金融业务的融合应用水平仍有较为明显的不足,面对金融行业个性化需求的相关技术开放设计仍有待加强。一方面云计算和大数据的技术本身成熟度较高,但在金融领域的应用仍存在覆盖范围不足、应用场景单一和应用效益不高等一系列问题,特别是在金融机构内部管理层面的应用,系统云化集中面临的传统信息系统改造升级压力较大,大数据平台构建在系统稳定性和实际使用效益方面均面临挑战。另一方面,人工智能和区块链等技术仍处于快速演进中,其对于金融行业的巨大应用价值还没有得到很好的体现。

5.2.3 中国金融科技市场需求增长潜力大

中国金融科技在应用层面的创新能力比较强,各种新型金融产品和服务容易开展规模化、市场化应用。一些互联网企业依托网络导流和场景优势,不断提高金融服务的普惠性和便捷性。以阿里巴巴的互联网应用场景拓展和创新为例,2013年7月,阿里巴巴凭借支付宝平台规模庞大且稳定的沉淀资金优势,推出了货币市场基金产品——"余额宝"。支付宝的企业和个人用户通过使用余额宝,可以方便地将支付宝账户中多余的资金存放在余额宝中,获得比银行存款更高的利息收入,从而推动余额宝业务快速发展。随着余额宝产品的成功,阿里巴巴又发起成立了新型互联网民营银行——网商银行。此外,近年来,阿里巴巴还在O2O、B2C、互联网通讯、物流、大数据等领域主动布局,积极收购或投资入股高德地图、快的、穷游网、新浪微博、虾米网、日日顺、菜鸟网络等互联网平台。这一系列"互联网+"闭环的形成,为阿里巴巴旗下的蚂蚁金服成为2016年全球最大金融科技公司提供了不可或缺的条件。

虽然中国金融科技起步比美国晚,但是发展潜力要大于美国。主要理由:一是中国消费者人数众多,且对互联网金融服务的接受度比较高。根据波士顿咨询公司(BCG)的调查,在中国,80%的高净值人群接受互联网金融产品和服务,包括电子银行、第三方支付、互联网理财、智能投顾、P2P 网络借贷、众筹等金融产品和服务(卫冰飞,2016)。二是互联网金融服务需求正在迅速扩张。根据上海社会科学院发布的《2012 国际城市蓝皮书——国际城市发展报告》,预计到 2020 年中国中等收入群体人数将达到总人口数的 40%。随着中等收入群体消费能力提升和消费结构升级,中国消费金融市场势必会迅速发展壮大,互联网消费信贷具有很大的增长潜力。上述两个因素决定了中国金融科技服务的市场空间具有很强的成长性。以微信红包为例,在 2016 年春节六天假期内,全国微信用户发送数字红包累计金额约为 320 亿元人民币,超过了 2015 年 PayPal 移动端和桌面端总交易金额的 6 倍。2016 年 6 月,蚂蚁金服旗下余额宝服务的客户数量超过 2.95 亿人,管理的资产规模折合 960 亿美元,已成为全球最大的线上基金之一。

5.3 河北省金融科技市场供需概况

5.3.1 河北省科技金融市场现状

根据 IOSCO(国际证监会组织)在 2017 年 2 月发布的《金融科技研究报告》,根据美国的情况,从新兴科技和创新商业模式演进两个方面,将金融科技的发展历程分为三个阶段:第一阶段,金融机构内设 IT 部门;第二阶段,互联网金融、移动互联网;第三阶段,IT 新技术与金融机构紧密结合。

据此定义来说,河北省传统金融机构(银、证、保)均内设 IT 部门。在互联网金融、移动互联网方面,P2P 互联网平台正在整治期,尚未有一家验收合格。河北省金融科技行业总体发展现状大致分为设立社会资本科技转化平台、推进小微企业金融服务、依托四个平台提升小微金融服务水平、"放管服"改革助力科技金融发展四个模块,主要致力于为小微企业提供更好地金融服务。

总的来说,河北省的金融科技工作还处于初始阶段,一直以政府主导模式为主。这种模式在行业发展的初级阶段,对于行业的引导和规范可以起到一定程度的积极作用,适应行业初创时期的发展需要。但是在一定程度上,金融科技的政府主导模式会造成政企之间的信息不对称,企业没有足够的信息正确判断市场供求关系,也就限制了金融科技行业和金融科技企业的进一步发展。随着产业的崛起和"雄安新区"的落地,河北省的科技金融产业迎来了新一轮的发展机遇。

2018年,在河北省政府出台的《关于加快推进现代服务业创新发展的实施意见》中明确指出:金融科技方面,着眼于推动金融服务和现代科技融合发展,加快银行、证券、信托、保险、金融租赁、基金、期货等金融企业总部、一级分支机构、各类专业子公司以及金融配套服务机构等其他创新型金融机构向雄安新区聚集,开展服务实体经济的金融创新或金融试验试点示范,推动国家级交易平台等重大金融项目落地实施。引导具有国际先进水平的金融科技公司,开展移动互联网金融、智能物流和供应链金融等金融科技化服务。推动云计算、大数据、生物识别、人工智能等技术在保险、智能投顾、社会信用体系建设等领域的广泛应用。

2017年,腾讯和雄安新区签署金融科技战略合作协议,成立腾讯(雄安)金融科技实验室;与河北省签约全面医疗战略合作协议,以科技助力河北医疗的进步和提升。金融科技实验室在雄安落地之后,从云计算到区块链,腾讯的大数据风控体系、基于腾讯云的区块链BaaS(blockchain as a service)服务等金融科技黑科技都将在雄安先行先试,拓展从民生到企业、政府管理的不同场景。

2018年1月31日下午,中国银行、中国雄安建设投资集团有限公司、英国金丝雀码头集团共同签署《关于雄安新区金融科技城项目战略合作协议》。协议签署各方将发挥优势助力雄安新区建设具备"世界眼光、国际标准"的金融科技中心,为中英关系的"黄金时代"注入新的内涵。

2018年8月1日,腾讯公司与河北省金融办签署战略合作协议,双方将建立长期、全面、深度的战略合作关系,在金融监管科技领域展开深层次合作。根据协议,双方将合作共建金融安全大数据科技平台,通过金融风险的识别和监测预警,助力地方金融监管,保护金融消费者合法权益。同时,双方将合作研发金融监管科技共同开发基于监测、分析、模型拟定、欺诈定型、监管科技等全流程管理模型,推进金融监管科技的进一步落地。此次双方在金融监管科技领域的合作,将基于灵鲲金融安全系统展开。腾讯金融云业务依托于灵鲲金融安全系统,搭建了国内首创的腾讯金融安全大数据风险预警平台,在金融创新、打击金融黑产、金融监管三个方面推动金融科技的规范和创新发展。灵鲲金融安全系统以近20年的"黑产"打击经验、"黑产"知识图谱和安全大数据为基础,充分发挥 AI 优势,有效解决现有监管行业"数据、算法、计算力"不足的问题。

2018 年 8 月 2 日,国网雄安金融科技集团有限公司在河北雄安新区举行揭牌仪式。该公司是国家电网有限公司布局新经济业态的总部型战略平台,主要开展平台交易、大数据服务、金融信息化等业务,通过强化改革创新,以金融科技服务产业链上下游企业。该公司充分发挥国家电网主营业务数据和用户的内生优势,扎根新区数字城市和智能城市土壤,与新区物联网平台、数据资产体系以及全域智能化应用紧密结合,助力新区打造未来之城。

国网雄安金融科技集团定位于面向能源互联网全业务链,依托国家电网丰富的主营业务场景和用户资源,应用大数据技术,深入推进信息挖掘、数据分析与金融科技业务创新,建设集能源、金融、数据交易于一体的综合服务平台,形成场景、技术及数据三大核心竞争力,构建产融结合主通道,服务实体经济主阵地,助力雄安新区高端高新产业布局和金融科技。国家电网公司电力金融与电子商务实验室同时揭牌。

5.3.2 河北省科技金融市场发展方向和建议

要加强区域经济建设,首先是要提升企业的技术创新能力,而以人工智能、区块链、物联网、基因工程等为代表的新一代信息技术发展日新月异,引领着第四次工业革命的到来。数字技术的迭代升级为改造传统产业、推动供给侧结构性改革提供了一条重要途径,数字经济的崛起激发了区域经济发展的新动能。

提高区域的竞争力和创新力是实现经济与社会持续发展的必然要求。从经济发展战略布局来看,从京津冀协同发展到粤港澳大湾区建设,城市间区域化协调发展趋势凸显,通过打造各具特色且具有国际竞争力的地理区域间经济活动,带动并辐射周边其他地区,打造经济发展的新"增长极"。

未来,随着"雄安金融科技城"和"雄安新区"各项政策、配套措施的进一步落实,以及经济和社会发展对于金融科技的需求逐步增长,河北省的金融科技产业必将迎来一段较快发展的重要时期。在这一时期,需要以市场为导向,逐步破除阻碍产业发展的各种桎梏,把以政府为主导的发展模式,逐步转变为以市场为主导的发展模式,依靠市场的内生动力,实现行业的持续、快速和健康发展。在发展战略上,要以雄安金融科技城的建设为抓手,将雄安新区建设成为河北省金融科技产业的示范城和产业聚集区,起到龙头带动效应。在发展方向上,要进一步明确河北省在京津冀协同发展中的战略定位,尤其是金融科技领域的战略定位。河北目前在金融科技产业方面起步较晚、发展缓慢,但河北拥有毗邻京津的地缘优势、低廉的人力成本优势及雄安新区的政策优势。河北要认准优势、厘清短板,实现差异化竞争和错位式发展,增强发展的速度和质量。

对于河北科技金融的发展,特提出以下具体建议:

(1) 鼓励金融科技创新促进普惠金融发展。

普惠金融是一种新的金融理念与新的金融制度,也是整个金融发展的一个新阶段。中国的普惠金融实践涉及银行、证券、保险等多领域,形式包括各类抵押担保、产业链融资、中小企业私募、农业产业投资基金、政策性农业保险制度等。

普惠金融的发展,将涉及一系列体制机制的变化。过去人们提及金融普惠,总会提出成本问题、信用问题、风险可控等问题,金融科技在一定程度上恰恰能够降低交易成本、缓释信息不对称程度、提高金融运转效率,增加大众金融资源的可得性。

从促进普惠金融的角度出发,适当扩大金融科技的准入空间,可积极探索普惠金融风险控制模型及手段,优化产品服务,探索普惠金融方向上具有可持续发展的商业模式和盈利模式。

(2) 强化行业协会自律推动建立行业标准化体系。

金融科技还处于高速发展阶段,从风险识别到风险控制再到制度建设还存在时间差,以外部的监管促进行业的健康发展无法实现帕累托最优。从国外经验来看,"行业自律先行、监管随后跟进"的监管方式,有利于充分发挥行业协会的自律作用,在规范行业行为、促进保障公平竞争等方面起到积极作用,为监管的立法提供重要的参考。以 P2P 网络借贷为例,英国的 Zopa、RateSrtteer 和 FundingCircle 三大 P2P 借贷平台自行组织成立全球第一个 P2P 行业协会,并先后制定了成员平台履行的具体义务和 10 项《P2P 金融运营原则》,规范和促进了英国 P2P 行业的持续稳健发展。随着 P2P 行业的发展,英国 FCA 在行业协会自律规则的基础上,对 P2P 网络借贷实施专业的金融监管。

(3) 用科技监管金融科技。

监管科技(RegTech)是指使用新技术高效解决合规要求,以减少如法定报告、反洗钱和反欺诈措施等监管合规需求产生的费用。英国等国提出了监管科技的构想，由监管机构设立知识中心，与监管科技开发人员共享关于监管实践以及数据格式的要求，建立一套监管科技解决方案，通过监管的技术系统直连每个金融机构的后台系统，实时获取监管数据，运用大数据分析、数据可视化等技术手段完成监管的报告、建模与合规等工作。

针对金融科技运用监管科技，监管政策有了调整的空间，即可不强制对该公司实行牌照监管，但要求该公司接入监管部门的技术系统，满足实时合规（real-time compliance）的技术要求，这在实质上创建了监管部门与被监管主体的非现场"联合办公"机制，保证了金融科技"易合规"的基本特征。

5.4 金融科技细分市场供需状况分析

5.4.1 消费金融

互联网消费金融是个人客户体验强烈的金融服务领域，中国的部分互联网消费金融公司非常注重借助生物识别、大数据风控等手段提速业务流程，提升客户体验。互联网金融领域，由于人工效率低、用人成本高、欺诈风险高等因素，对人脸识别技术的诉求更加强烈。目前京东、众安、小米都开始将人脸识别服务广泛应用于各业务流程中。以京东金融大数据风险控制为例，风险控制模型体系包括申请评分模型、欺诈评分模型、套现识别模型、交易监测模型、催收评分模型等十多个模型，每一个模型都还将持续优化和迭代，帮助识别和管理金融业务的风险。

2013年中国互联网金融市场消费规模达到60亿元，2014年交易规模突破150亿元，增速超过150%，2017年整体市场已突破千亿元。与发达国家消费信贷占整个金融机构所发放信贷超过60%相比，中国消费信贷占比仅为20%左右。中国消费支出存在巨大潜力，商务部数据显示，2015年中国全年最终消费支出对国内生产总值增长的贡献率为66.4%，比2014年提高15.4个百分点，但与美国80%左右的贡献率相比还有一定差距。投资、消费、出口是推动经济发展的"三驾马车"。受国内外经济形势的影响，中国投资和出口在 GDP 中的比重减少，而消费在 GDP 中的比重正稳步增加，对于推进经济增长效果正日渐显著。

以京东白条为例，京东白条是京东推出的一种"先消费后付款"的类消费金融产品，其以自营电商平台为依托，并不断向体系外场景拓展。消费者在京东购物可申请最高 3 万元的个人贷款支付，并在 3~24 个月内分期还款。2015 年 9 月，"京东白条资产证券化项目"获证监会批复，由华泰证券负责发行，并已于 2015 年 10 月深交所挂牌。京东金融在京东白条的基础上推出了安居白条、旅游白条、校园白条、汽车白条等业务以拓展消费场景。

5.4.2 P2P 市场

2005 年 3 月，全球第一家 P2P 贷款平台 Zopa 在伦敦上线，取意为"可达成的交易空间"（zone of possible agreement，Zopa）。P2P 的商业模式已散布全球，从近年来的成交量来看，中国、美国和英国排在全球前三的位置。

英国的 P2P 商业贷、P2P 消费贷、P2P 票据融资作为替代性金融的一种，根据剑桥大学新兴金融中心（Centre for Alternative Finance）等机构发布的关于英国互联网金融发展现状及趋势的报告《开拓边界》（*Pushing Boundaries*）统计显示，P2P 在替代性金融（Alternative Finance）市场成交量里已占据主要地位。P2P 市场是一个推陈出新、不断整合的市场，目前英、美等国的 P2P 市场均由少数公司控制。美国的 P2P 市场由 LendingClub 和 Propser 垄断。英国的 P2P 行业协会 P2PFA 的统计显示，在英国的 P2P 市场上，规模较大的是 Zopa、RateSetter、MarketInvoice 和主做小微企业市场的 FundingCircle。从市场集中度上看，英国这四家最大的 P2P 平台总市场份额从它们诞生起一直在下降，但四大平台的总市场份额占比维持在 70% 左右，占较强优势。英国整个 P2P 市场开始重视行业龙头，并朝着寡头垄断的市场结构发展，可见大额资金更偏爱流动性好的平台，四大平台的品牌、风控措施在安全性上也更吸引稳健的投资人。

中国第一家网络借贷平台是 2007 年 8 月于上海创立的拍拍贷（Ppdai），接着出现红岭创投（My089）、易贷365（Edai365）等网络借贷平台。类似网络平台不仅在北京、深圳、上海等经济发达城市快速发展，一些二三线城市也开始出现。拍拍贷的模式与 Prosper 非常相似，采用竞标方式来实现借贷的过程。贷款利率由借款人和竞标人的供需市场决定。借款者通过网站公布的不同信用评级的指导利率，设置自己的借款利率。出借人根据借入者的信用评级，结合借入者上传的数据综合判断借入者的风险程度，然后决定是不是投资。网站会做最终的欺诈检测审核，对于涉嫌欺诈的借入者，网站基于保护借出者的目的将否决该笔借款交易。截至2015年年底，拍拍贷平台注册用户已达1211万。

P2P网贷自登陆中国以来，随着各路"伪P2P平台"或跑路，或踩上"经侦雷"，P2P网贷的声誉每况愈下，以至于但凡出现此类事件，P2P总是首当其冲，"劣币驱逐良币"效应显现。为保障P2P行业的良性发展，从中央部委到地方政府在短短一年间出台了诸多监管细则，互联网金融专项整治工作也在持续进行中，这些都表明我国网贷行业正式步入清理整顿阶段。"合规"是当前P2P网贷平台的首要任务，行业进入规范化发展阶段。届时，只有少数优秀的平台可以凭借其运营优势以及品牌效应迅速完成合规要求、继续扩大市场规模。

从不断出台的监管文件可以看出，监管层对P2P网贷平台并不是完全"一棒子打死"，而是要求P2P网贷平台定位在"小额、普惠"，目标是服务实体经济、中小微企业和个人投融资需求。2016年8月24日公布的《网络借贷信息中介机构业务活动管理暂行办法》对"小额"提出了具体的要求，"大标模式"受到生死存亡考验，更多的平台开始转型向"小标"发展。

2016年开始，大平台纷纷开始去P2P化征程，不再局限于单一的P2P网贷业务。仅2016年下半年，就有PPmoney理财、开鑫贷、爱钱进、团贷网等实现集团化升级。这些平台通过集团化的方式，逐步进行横向或纵向业务拓展，既有利于资产端及资金端的多样化发展，也有利于监管合规性的满足。无论是P2P网贷平台横向扩充业务模式、获取更多用户，还是深耕细分领域、纵向深化资产端的开发、将业务做大做深，牌照资源都显得至关重要。持有更多金融牌照（包括类金融牌照）的平台意味更易于获得市场认可及监管支持，有助于提升整体品牌效应，更好地实现合规经营。

在竞争环境日趋激烈的情形下，中小平台的生存空间日趋式微。中小平台为保生存，宁愿选择被"大鱼"吃掉，届时，行业内会出现不少兼并收购事例，未来会有更多的大平台通过收购其他中小平台以实现业务的横向或纵向拓展。

监管机构要求各平台控制同一征信主体（借款人）在不同平台的借款余额上限，前提是需要对同一征信主体（借款人）的重复借贷进行准确识别。

目前各平台的识别能力非常有限,该要求的落地还需要全面加强第三方征信机构建设或者由政府要统一组建相应的征信系统。

5.4.3 互联网众筹

众筹的概念来源于众包(Crowdsourcing),后者的意义更加宽泛,指一个人通过接受并协调来自多方的零散贡献达成自己的目标。而互联网众筹起源自美国,Brian Camelio 在 2003 年创立了 ArtistShare,从此拉开了互联网众筹的序幕。近年来,全球众筹行业的发展呈现指数型增长趋势。据 Massolution 发布的 2015CF 众筹行业报告显示,2010 年年底,全球融资总额还只有 9 亿美元;到 2014 年年底,全球众筹融资规模就达到 162 亿美元;到 2015 年年底,全球众筹融资规模比 2014 年增长 2 倍多,总额达 344 亿美元,同比增长 112.35%。众筹的分类相当广泛,包括产品众筹、股权众筹、公益众筹等类型。

全球互联网众筹起步于 2001 年,随后呈现爆发式增长,据 Massolution 与艾瑞咨询统计与预测,2010~2016 年全球互联网众筹将保持 75% 以上的增长率,并于 2016 年达到 2000 亿美元众筹规模。据中国电子商务研究中心检测数据显示,2025 年全球众筹市场众筹规模将达到 3000 亿美元左右,发展中国家众筹规模将达到 960 亿美元。

互联网众筹是一种全新的融资方式和融资渠道,它在很大程度上降低了创业企业的融资成本,提高了融资效率。从国内外众筹发展情况来看,互联网众筹正处于快速发展阶段,美国 JOBS 法案后,通过法律形式认定了众筹合法性,同时赋予投资者可以获得项目的股权作为投资的回报,监管完善和金融创新都在推进众筹模式快速发展。在中国尚缺乏对众筹领域的法律监管,随着互联网金融领域的不断创新,法律监管措施不断完善,互联网众筹的发展前景十分乐观。

5.4.4 数字化投顾

美国的数字化理财网站最早出现在 2005 年,兴起于 2010 年左右。美国市场上业内最知名的两家专业公司 Betterment 和 Wealthfront 面向用户推出基于互联网技术与算法的资产管理组合建议,包括基金配置、股票配置、股票期权操作、债权配置、房地产资产配置等,开启了数字化投顾时代。

数字化投顾最初的表现形式(即第一阶段)是互联网化(在线投顾)。互联网的发展使得机构可以充分利用线上流量入口的特征,将投顾服务拓展到更多客户;由于边际几乎零成本,使得更多长尾用户得到相应的服务。

第二阶段是初步智能化(Robo–Advisor)。互联网思维和大数据技术促使了产品的简化和创新,通过标准化产品降低成本,新兴技术的融合使得服务效率更高。例如,将原用于服务机构客户的量化方法进行产品研发,使之成为可以服务大众的产品。

第三阶段是全智能化(AI投顾)。利用人工智能和云计算,通过机器自我学习,充分利用市场和外部信息,进行投资决策,全程由机器完成。基于投资决策流程,美国的数字化投顾可分为五种细分模式。

一是智能数据分析:智能搜索+智能分析。智能搜索主要是基于大数据分析及人工智能,从大量噪音信息中快速准确地找到有价值的信息,提高信息获取及搜索效率;智能分析,是智能搜索的进一步深化,是指利用自然语言处理、深度学习知识图谱,分析宏观经济、公司业绩、网络舆情等数据,判断事物之间关联性,提供细分金融投资咨询服务,如推荐股票、预测公司收入等。

二是社交投资。将民间高手及职业投顾持仓情况及业绩分享在平台上,供广大普通投资者参考,部分平台提供一键下单等交易服务。

三是主题投资。根据热点实事、投资主题或理念创建投资组合,组合策略同样分享于平台上,供普通投资者参考和选择。

四是量化策略。一般指量化投资爱好者或专业人士将量化策略分享于平台上,供投资者参考及选择,同时部分平台提供交易功能,用户可于平台上直接购买该策略并一键下单购买策略中包含的金融产品。

五是Robo–Advisor(全流程管理)。基于现代资产组合理论,根据客户信息分析及风险偏好及承受能力,配置不同类资产以达到最优。该模式属于被动投资,不以追求高收益为目标,而以追求长期稳定收益为主。

按照中国监管规定,开展投资顾问业务需要取得监管机构颁发的证券投资咨询牌照,开展资产管理业务需要取得监管颁发的资产管理牌照,销售金融产品需要取得相应的金融销售牌照。在《证券投资顾问业务暂行规定》《证券、期货投资咨询管理暂行办法》等法规约束下,投资顾问与资产管理两块业务分开管理。按照规定,证券公司、证券投资咨询机构可以接受客户委托,辅助客户作出投资决策,但不能接受全权委托,从事资产管理服务(代客下单、理财)并保证账户不能跨平台投资。

金融大数据是数字化投顾的血液,国外金融市场成熟、数据全面,能满足量化分析的必要条件,而国内监管规定要求金融机构数据不得提供给第三方使用。用户的行为、消费、投资等数据目前仍未打通,存在使用门槛。突发事件等结构化数据采集和分析存在一定难度,数字化投顾无法通过数据分析用户偏好。这也为数字化投顾业务的正常开展增加了难度。BusinessInsider报告显示,ETF是当下美国市场中成长最快的投资品种,而国内ETF规模较小、数量少。根据Wind数据,截至2016年7月,共有130只可交易的ETF,净资产为4729亿元,其中权益型ETF和货币型ETF合计114只,债券型ETF、商品型ETF等品种较少,对冲工具匮乏,可分散的风险也有限。如果扩展投资标的到非标领域,则面临难以评估风险问题。

数字化投顾(例如智能理财)对纯执行类和自主决策类投资市场以及传统理财顾问都造成了极大的冲击,这类自动化咨询能力给传统咨询服务带来了压力,并将促使咨询服务转型。许多自主决策类咨询企业以内部和专利化解决方案回应这一趋势,而投资顾问可以使用混合型高科技、高感触技术模块加以调适。自动化客户分析带来的另一层作用是客户关系建立、资金转换和融资费用成本的下降。在这一变化到来之前,财富管理公司多年来一直努力在总资产有限的情况下与客户建立互惠关系。智能理财为该细分领域提供了可行的解决方案,如果智能理财的应用在整体服务中能够准确定位,就可进一步满足客户的特殊需求。根据咨询公司A. T. Carney的预测,美国数字化投顾行业的资产管理规模将于2020年增长至2.2万亿美元,年均复合增长率将达到68%。

数字化投顾在美国发展较快,在中国总体还处于探索阶段,平台只能提供资产配置建议,不能实现完全自动化交易。中国数字化投顾行业,潜在的市场规模巨大,前景广阔。中国互联网渗透率高、居民储蓄习惯良好、理财需求旺盛,对低风险理财产品的需求强烈,但是,国内目前监管环境不利于数字化投顾的大力发展。对此,我们呼吁监管层尽快出台数字化投顾业务的监管政策,防止"劣币驱逐良币"现象。

展望数字化投顾的发展,一是后端收费模式有望成为主流。互联网降低数字化投顾成本,使成本接近于零,逐渐降低了传统投顾行业的门槛,满足长尾模式中客户的需求。另外,数字化投顾将打破以佣金为导向的一次性买卖模式，后端收费将慢慢成为主流，简言之，以后客户在购买理财产品时不需要支付费用，而是在卖出时依靠收益支付与其相关的费用。二是传统大机构会与数字化投顾机构合作或者并购。为了促进在线服务的发展，SigFig 与瑞银集团正在计划建立用来开发新的在线管理工具的研究实验室。包括高盛集团和贝莱德集团在内的其他公司，也都有相应的行动。

总之，数字化投顾的诞生，标志着财富管理行业正在从高端服务向普惠金融服务发展，这片新蓝海蕴藏着巨大的发展空间。

5.4.5 征信

征信体系已成为现代金融体系的基石，征信信息系统是重要的金融基础设施，征信机构是一种特殊的金融机构。世界银行在对成员进行金融稳定评估（FSAP）时，将征信体系与系统重要性金融机构同等对待。

根据征信的这种内在属性，一个完整的征信体系应该是对债务人信息的全覆盖，因此，不存在行业征信，也不存在金融征信与非金融征信之分。

英国和美国在 100 多年前就出现征信机构，是市场自发催生的结果。欧洲大陆国家依托中央银行先后建立银行信贷登记系统，亚洲的日本、柬埔寨以及中国香港特别行政区，由银行机构共同参与以会员制的方式组建独立运行的征信机构，也取得了良好的市场效果。各国征信机构到底是采取国营、私营、公私合营还是会员制，并无定规。唯一的经验就是从本国实际出发，针对自身的市场特点进行选择。

中国征信体系采用政府主导，第三方机构辅助的模式。中国人民银行征信中心是中国征信体系的基础，其信用信息服务基本覆盖全国信贷市场。截至 2015 年 4 月底，中国人民银行征信中心征信系统分别为 8.64 亿自然人和 2068 万户企业及其他组织建立了信用档案。其企业信贷系统采集的信贷信息基本覆盖了金融机构经营的对公授信业务，涉及数据超过 200 项，个人信贷系统涉及 8 类公共信息 80 多项数据。社会第三方征信机构则重点服务中下游企业，作为中国人民银行征信服务的完善和补充。截至 2016 年 8 月，完成备案的企业征信机构有 136 家，且这些机构主要集中在北京和上海；2015 年 1 月 5 日，中国人民银行公布了首批开展个人征信业务准备工作的 8 家机构名单。

以融 360 为例，融 360 主要通过积累的数据和风险技术服务自有平台的贷款人和合作伙伴，通过与其有合作关系的机构合作，向不同等级的用户提供查信用即可享受借款服务的融易花服务。将融360借贷平台接入信用等级平台，不同的贷款机构可以从用户的职业、借贷用途、有无抵押等维度向用户提供不同类型的借贷服务，并根据其风险偏好、贷款种类、借款期限、还款方式等因素，要求用户提供不同的认证材料，以从多角度评估是否向用户提供贷款服务。融360从事的与用户信用相关的业务与已取得监管部门许可的公司所从事的征信业务不同，用户协议明确约定，融360提供的是用户信息采集、整理并验证的服务，其通过与其有合作关系的机构验证用户数据，数据的来源非融360。

在市场份额上，社会征信机构和类征信机构寡头垄断与垂直细分互补。预计，在未来3~5年内，中国将设立大批的征信机构和类征信机构，通过各自的技术能力和数据资源抢占市场，在这个过程中，重复投入问题不可避免，但征信相关市场容量有限，而征信服务业具有明显的自然垄断属性，资源的聚集是必然趋势。预计未来5~10年内，中国征信相关行业会经历迅速扩张、并购整合和成熟发展的阶段，最后两三家公司将占据市场70%以上份额或者更多，其他几家各自在细分市场占领一席之地。

"数据孤岛"问题的逐步解决。中国的个人征信市场从2015年开始尝试引入市场化主体，目前较大的数据源包括各政府机关、传统金融机构、互联网公司的数据之间各自独立并未打通。目前政府和企业都在逐步采取措施解决改革问题：一是法院、工商、税务、社保、公积金、商标、房管、海关等官方机构信息联网建设；二是通过"云计算"技术在"云端"建立一个数据共享机制，打通"数据孤岛"；三是借鉴美国经验，建立规范的数据标准，便于实现数据打通和连接，将逐步解决公共征信平台和社会征信机构双线发展格局中各方"数据孤岛"的问题，各方将最终实现互补共存但又相互竞争，最终达到平衡共赢。

大数据的效力和使用方法将更明确。除传统的金融相关数据外，电商、电信业、零售业、社交工具数据正在进入征信体系。有观点认为创新数据的效力可能被过度放大，也许这只是用户个人习惯，习惯与个人信用可能并无直接相关。2014年美国政策与经济研究委员会（PERC）的一项研究结果称，非金融信息在信贷决策中的作用有限，社交信息对于判断借款人的还款意愿和能力暂无预测力。也有观点认为，创新数据只要数量够大，并结合良好的建模技术和容错机制，创新数据本身能够发挥评判能力。从数据实测和市场反应来看，大量的创新数据与传统金融数据结合，对于金融征信评价机制是有益的补充，在模型中加入社交或个人习惯等新型数据后，其风控能力有所提升。

在大数据时代，大数据技术为征信发展提供了新的图景。随着数据技术和移动智能客户端的发展，与消费者相关的数据不断产生，拥有可供分析的资源；另外，数据库管理软件、数据存储和处理成本的下降以及硬件成本下降，降低了征信机构的成本。各个垂直领域的行业对客户的征信数据分析产生了强烈的需求。中国各互联网巨头，如京东、腾讯、阿里巴巴、百度、小米等，也纷纷涉足征信行业，由此，互联网征信的概念也被提出来。有研究人员定义，互联网征信是以开放式的互联网为载体，利用大数据、云计算等高新科技，抓取、采集和整理个人以及企业在使用互联网时留下的数据信息，同时辅以其他渠道获取的数据信息而进行信用评估和服务的活动。与此同时，未来的商业交易会越来越依赖智能终端（物联网），但是通过移动智能终端的欺诈也随之增加，通过身份认证进行个人识别或"发问回答"式的验证已不足以维系，提供征信服务公司如何采用反欺诈技术，避免客户交易时免受欺诈活动的风险成为一项新兴的业务。

5.4.6 传统金融

随着金融服务外包产业的升级与变革，优秀的金融科技企业可为传统金融服务较为核心的金融业务，如精准营销、客户授信、投资管理、保险理赔、催收等提供外包服务。领先的金融机构意识到，外包不仅是为了获得成本优势，也是推动组织转型和变革的重要途径。与此同时，金融科技公司与买家的合作关系上升到战略合作的共同发展模式。与英、美等国相比，中国金融买家市场的竞争尚未被完全激活，国内的金融机构对业务经验改善的需求连接到实际的变革及资源投入上显得效率低下，加上国内传统金融机构庞大的层级管理体系和传统的管理方式，使国内金融行业服务外包的业务流程变革变得相对困难，这也是目前中国金融行业服务外包渗透率较低的原因。但是随着利率市场化的逐渐深入，对于国内的金融买家而言，对金融服务外包或金融科技输入的需求将迎来升级和释放。

传统金融业与金融科技公司合作机会主要包括以下几种。

保险业：一是通过物联网或智能终端创新保险领域；二是借助区块链协

议保证保险交易；三是运用人工智能、大数据，有效解决了传统保险业信息披露不充分、创新能力不足、保险欺诈等痛点。

银行业：银行可购入金融科技公司先进的技术实现系统的升级，大数据、云计算成为互联网银行运营的重要基石，生物智能逐步成为互联网银行安全认证的核心手段，这些都有效提升了传统银行业的客户体验和安全。此外，银行还可借助金融科技降低开发成本，或者合作开发新的市场。

证券业：大数据和人工智能等技术可帮助投资者提高交易频率和效率，提供个性化推荐服务，降低进入多品种交易及策略投资的门槛，促进证券机构提升效率并降低成本。

5.4.7 电子支付

中国最早的第三方支付企业是北京首信股份公司和上海环迅电子商务有限公司，随后在阿里巴巴于2004年推出第三方支付平台支付宝后开始蓬勃发展，2005年更是出现飞跃式的成长，规模达到152亿元人民币。政策的日益完善和计算机的普及可说是中国第三支付市场快速发展的主要因素。2005年中国上网人数突破1.1亿，宽带普及率超过44.5%，接入计算机终端超过4000万台。随着支付宝、财付通、拉卡拉、快钱等多家实力坚强的第三方支付企业的逐步加入，首信、银联在线支付和上海环迅等中国第三方支付产业者面临了日益严峻的竞争环境。中国第三方支付的蜕变大致经历了三个阶段，每个阶段的发展都有着其显著的特点，并推动对电商的发展。(1) 网关型第三方支付平台。最具代表的支付平台是首信易支付，它是中国首家提供多种银行卡线上支付服务平台，不仅仅单纯地作为联系银行支付网关的通道，也作为中立的第三方机构，保留商务与消费者有效交易信息，为维护双方的合法权益提供有力的保障。(2) 信用中介型第三方支付平台。即"代收代付"的模式。强力的代表是阿里巴巴的支付宝，其次是腾讯财付通。(3) 便捷支付工具模式。支付模式有两个：一是基于互联网的支付工具，如阿里巴巴的支付宝；二是基于手机客户端的移动支付。支付是金融行业的核心业务，第三方支付具有成本低、快速便捷和金融商品的特性，深得消费者青睐。2014年，中国支付机构共处理215.30亿笔互联网支付业务，17.05万亿元互联网支付业务金额，与2013年相比增长43.52%和90.29%，共处理153.31亿笔移动支付业务，8.24万亿元移动支付业务金额，与2013年相比分别增长

305.9%和592.44%；中国第三方支付交易额增长至24.1万亿元，第三方互联网支付交易规模达到13.64万亿元，与2013年相比增长47.9%；中国网上支付用户已经超过3亿，与2013年相比增长17%。整体观之，互联网支付行业保持平稳、高效运行，而移动支付行业则呈现出一个快速发展的趋势，业务规模呈井喷式增长。各方面市场主体之间积极开展合作，不断推出创新产品，努力改善使用者体验，进而逐渐建立起移动支付生态圈。自2014年下半年开始，支付宝已经超过PayPal成为世界上最大的第三方支付平台。截至2015年6月末，中国P2P平台全国的成交量就达到659.56亿元，运营平台数量达2028家，当月投资人数为154.36万人，借款人为33.04万人。根据中国人民银行发布的《2016年第三季度支付体系运行总体情况》的报告显示，第三季度中国银行卡消费共97.37亿笔，同比增长27.92%；前三季度银行卡累计消费265.21亿笔，累计同比增长28.79%。不过，数据显示，人们在利用银行卡进行消费的行为上发生了明显变化，如第三季度使用银行卡进行消费的人均金额同比下降0.30%，第二季度下降3.27%。第三季度非银行支付机构处理网络支付业务440.28亿笔，金额26.34万亿元，同比分别增长106.83%和105.82%。

电子支付的业务类型按照电子支付指令发起方向的不同，分为网络支付、电话支付、移动支付、销售点终端交易、自动柜员机和其他电子支付。

以移动支付为例，移动支付属于电子支付和网络支付的更新方式。在移动支付过程中，将终端设备、互联网、服务提供商以及金融机构相融合，为用户提供支付、缴费等金融业务。进入20世纪90年代，美国出现移动支付业务，随后各种移动应用类钱包应运而生。近年来，全球移动支付产业市场规模进一步扩大，用户普及程度进一步提高，常见的移动支付方式有短信支付、扫码支付、指纹支付、声波支付等。

从商业模式来看，移动支付的利益相关者包括移动支付业务的金融机构、移动运营商、第三方支付平台，三者在争夺移动支付业务的过程中相互角力，形成了以下四种主流商业模式：以金融机构为主导的商业模式、以移动运营商为主导的商业模式、以第三方支付服务提供商为主题的商业模式和金融机构与运营商合作的商业模式。

从中国电子支付行业发展来看，随着中国科技的迅猛发展，国内电子支付行业更加互联网化、金融化和开放化，支付行业监管体系也逐步完善，监管政策不断收紧，监管部门查处力度加大。

2016年，中国的银行业金融机构共处理电子支付业务约1300亿笔，金额约2500万亿元，交易笔数比2015年增长32.61%，交易金额比2015年降低0.47%。在电子支付市场，银行支付业务仍然占据了主要的地位。随着支付市场格局的变化，银行与第三方支付机构在竞争中合作，在合作中竞争，未来将进一步形成良性竞争状态，深化各自优势，推动支付业务的发展。

近年来，第三方支付机构不断拓展线下支付场景，将支付产业链由基础设施延伸至增值服务，中国的第三方支付产业迅猛发展。2016年，非银行支付机构累计发生网络支付业务1639.02亿笔，金额99.27万亿元，同比分别增长99.53%和100.65%。

随着新技术与支付应用的深入融合、应用场景的不断拓展和农村支付业务的开拓，支付机构网络支付业务还将继续高速发展。

随着支付行业的快速发展，行业监管体系也在不断完善。2015年支付行业综合监管、分层监管的主旋律基本定调，非银行支付机构监管制度框架不断完善，多层次、全领域的支付清算行业自律制度体系基本形成。2016年，人民银行不但明确了一段时期内原则上不再批设新支付机构，更是对违规支付机构严惩不贷。2017年，互联网金融整治持续、备付金管理集中存管通知、网联上线都意味着监管将持续趋严，同时，监管部门对支付机构、银行的违规处罚仍然未放松，支付行业将进一步规范经营。

第6章 河北省金融科技竞争格局与影响因素分析

6.1 金融科技竞争格局分析

根据金融稳定理事会2016年发布的《金融科技的描述与分析框架报告》，金融科技是指通过技术手段推动金融创新并对金融市场、机构及金融服务产生重大影响的业务模式、技术应用、金融流程和产品。中国开展的有关金融科技的活动主要集中在五类机构中。这五类机构包括互联网企业、新兴互联网金融企业、传统的金融行业、信息通信企业和基础设施企业，同时可以规整为六大行业，分别为网络借贷行业、众筹融资平台、互联网基金、消费金融、移动互联网支付和互联网保险行业。这些业态当中比较有代表性的企业包括阿里巴巴、腾讯、百度等。它们都是通过不同的路径或方法进行参与金融科技的。百度本来是和金融业务毫不相关的，尤其是支付领域，但是，随着金融科技的迅速发展，百度可能未来会将搜索场景应用人工智能分析和大数据分析领域，这样就可以实现金融业务的开展。相比较而言，腾讯具有很强大的社交背景，但离金融活动还是有挺大距离的，腾讯以微信红包的形式进入移动支付领域，之后又进入个人消费，再到小额信贷、保险等领域，成功进入金融科技领域，并且一跃成为行业前几名，具体发展模式如图6-1所示。阿里巴巴是以电商起家，他们的发展模式，首先是有电子商务交易，然而有交易自然就有支付，随之而来的就是大量的交易数据和个人用户信息，就可以通过大数据挖掘技术进行征信、信用评估、信贷借贷和众筹等业务。

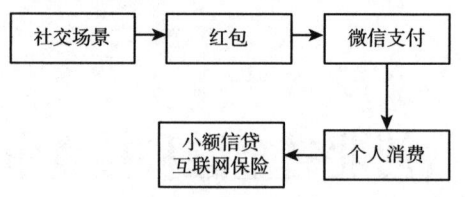

图 6-1 腾讯业务发展模式

6.1.1 中美金融科技发展比较

中国的金融科技起步相对于美国来说比较晚，但是发展却特别迅猛。金融科技最先的起源地是美国硅谷，但是随着金融科技在华尔街的迅速发展，华尔街成为最大的金融科技研发中心，从而替代了硅谷。中美金融科技发展的路径也是不一样的，对于美国来说，它们传统金融的金融体系相对中国而言比较发达，所以金融科技企业就定位为被传统金融体系遗忘的部分客户和市场上遗漏一部分业务，同时，利用金融科技还可以提高传统金融业务的执行效率。相比较而言，对于中国市场来说，中国传统金融服务本身就存在供给上的不足，这样随着金融科技类公司的发展，就可以为传统金融填补很多空白，并且随着移动互联网和物联网的迅速发展，反而科技企业很容易占领先机。加上中国传统金融本身就有一种天生的优越感，没有提早意识到科技企业对它们的冲击，所以它们吸引科技人才和技术就显得很不主动。因此，在这种情况下，政府就给那些金融科技企业一些金融牌照，以促进金融行业的竞争。中国金融科技虽然起步比较晚，但发展的速度还是十分惊人的。

6.1.2 我国金融科技格局分析

目前，我国随着全球金融科技的飞速发展，对金融科技的投资也呈现了很大的增长态势。其中，据统计，2016年我国在金融科技方面的投资就达到了102亿美元，占全球金融科技投资总额的51%，在亚太地区更是占到了金融科技投资总额的90%。美国国际贸易署（ITA）发布的《2016顶级市场报告》中显示，在全球金融科技市场总体发展情况中，中国排名第二位。艾瑞咨询发布数据显示，我国在2016年第三方移动支付交易规模达到58.8亿元，支付领域的金融科技居全球第一名。另外，上海新金融研究院（SFI）2017年发布的年度报告《金融科技发展的国际经验和中国政策取向》指出，在全球金融科技投融资领域我国位居第一名，其中，2016年我国就有281笔金融科技投融资业务，占到了全球金融科技投融资领域的56%。2016年埃森哲统计数据显示，我国蚂蚁金服、京东消费金融子公司、陆金所等金融科技公司都占据了列亚太地区前十大金融科技投资，融资规模超过了10亿美元。这也意味着金融科技的领域也不再是刚开始的网络支付和网络借贷业务，慢慢地开始拓展到互联网保险、互联网金融消费、咨询顾问等领域。

我国金融科技的发展历程一共可以总结为四个阶段。

（1）第一阶段是"金融+科技"。这是"金融+科技"的主要目的是实现传统金融业务的电子化和自动化，最为典型的有银行的清算、信贷等业务系统。

（2）第二阶段是电子化金融渠道。以自助设备、网上银行、移动终端等为代表，汇聚大量用户和数据，有效拓展业务，优化决策分析。

（3）第三阶段是技术主动进入金融市场。科技企业为金融行业提供创新形式的金融服务，如它们在设备、网络、数据上的优势，从而参与了金融活动，进入了金融市场，随着政策的宽松环境，发展越来越迅速，它们开始扩大服务覆盖面，最后开展了与传统金融机构的竞争。

（4）第四阶段是金融机构和科技企业的融合。以大数据、区块链、人工智能、虚拟现实等为代表的新技术与金融服务的深度融合，使新的高科技深入各项金融产品和服务中，从而将金融服务与新技术的研发平台相结合。目前，我国金融科技的主要业态包括互联网支付、电商销售、网络借贷、消费金融、众筹融资、线上理财、金融咨询服务等。

6.2 金融科技发展的益处和存在的问题

随着互联网技术的飞速发展，传统金融服务慢慢地开始转到线上，但是随之也发生很多问题。从2016年开始，国家开始收紧政策，加强了对金融科技行业的监管。但是在互联网人口红利殆尽和整体产业发展的前提下，在互联网金融领域中科技的重要性就显得尤为重要。并且，随着高新技术与传统金融的深度融合，已经不仅仅是互联网金融，而是被更为广泛的词金融科技所取代,从此,中国的金融行业又进入了一个新的阶段。金融技术通常被定义为金融和技术的结合,即将技术应用于金融部门,并通过技术工具的转变促进金融系统的创新。全球金融稳定委员会将金融技术定义为金融与技术的融合,创造新的商业模式、新的应用、新流程和新产品,从而为金融市场、金融机构和金融服务形成了非常强大的助力。金融技术的延伸包括支付结算、电子货币、网上借贷、大数据、区块链、云计算、人工智能、智能投顾、智能合同等,正在银行、保险、支付等领域产生核心功能。金融技术充分发挥技术创新在金融领域的作用,拓展金融服务领域,使信贷得以量化、估值、优化产品服务形式,提高客户体验,促进实体经济的发展。

目前,人工智能是当前市场对金融科技期望最高的领域。因为人工智能可以自动地学习信息,并且把所学到的知识快速转化为有用的信息。例如,用户画像技术可以大大改进低端的人工行为分析活动,而可以通过大量的历史数据,如某个公司上市的各个融资阶段的数据分析,以及这个公司在整个行业中的竞争格局分析,作为大数据的一部分进行分析,获得有效信息。另外,人工智能还能够对未来进行数据的预测,大概的思路就是通过历史数据拟合出一个比较理想的模型,然后通过大数据技术、数据挖掘和分析技术对未来进行预测,这样在一定程度上可以大大减少未来的风险。人工智能还包括在确定规则下优化博弈的策略,更充分地学习历史数据,采用左右互补来增强策略,实现共同协作。而且,人工智能在决策过程中不会出现人类面对利益时的情绪波动。

6.2.1 金融科技发展的优势

(1) 金融科技的发展可以提升金融行业的服务水平。

金融科技是将信息技术和互联网技术与传统金融市场、金融产品和金融服务相结合,不仅降低了服务成本,尤其是人力成本,而且还提升了金融服务效率,丰富了服务的业务类型,使客户的满意度大大增加。例如,现在的移动支付和网络在线支付发展非常迅猛,具有全天 24 小时、不限制地域、渠道多样化的特点,这些特点都很大限度地弥补了金融行业在基础设施和服务人员方面的不足,填补了传统金融行业的服务空白,并且扩充了金融行业的服务时间、服务地点和服务方式等。另外,在操作流程标准化方面也提升了很多,智能交易平台大大简化了业务办理的流程,对于小额的业务、高频的业务，客户可以自主完成交易，不仅节省了金融机构的人力、财力和物力，也大大节省了客户的人力和时间，提升了客户体验。同时，根据客户或者企业的不同需求，创新金融服务手段，可以为不满足传统银行放款条件的客户提供适合的金融产品，在提升金融业务的同时，大大提升了客户对金融服务的评价和态度。

（2）金融科技的发展可以大大改善金融生态。

历史实践表明，之前我国的金融业态比较单一，从而导致金融行业出现了较高程度的垄断，客户对金融服务的满意度普遍比较低。但是，随着金融科技的发展，金融业务也逐渐多样化，如可以通过互联网金融投融资平台进行金融业务，一方面更加便捷，另一方面对投融资信息的透明度也进一步提升。金融科技的发展也使金融市场交易更加平等，给金融行业带来了包括技术、生态、场景、渠道、媒介、交互、风控等多方面的业态延伸与变革，因此，金融科技带来了大量的金融新业态，如互联网支付、众筹融资、网络借贷、网络基金销售、网络消费金融。

（3）金融科技的发展有利于促进金融行业的创新。

传统金融机构的运营方式比较粗放，可能对一些不符合放款条件的客户直接就拒绝了，而金融科技可以充分利用历史金融交易数据资源结合大数据技术、区块链技术和人工智能技术等进行信用评估和风险评价，这样可以实现客户的精准定位和分类、产品的精准营销和投放，从而创新了金融业务的发展模式和决策分析方法。另外，金融科技的发展，对传统金融机构提出了极大的挑战，对传统金融机构构成了很大的业务冲击，因此，就会倒逼金融机构进行创新，这样可以形成一个良性的竞争环境，使金融机构在竞争中自我优化和调整结构。

（4）金融科技的发展可以大大发展普惠金融。

金融科技因其数据信息和技术等优势，可以大大降低金融服务的成本。同时，金融科技可以使原来难以覆盖的金融服务边界轻松开展金融服务，从时间上和物理上都提升了金融服务水平和范围。例如，原来传统银行由于利润比较少、成本比较高、风险比较大等因素不愿意接受的小微企业、农民、低收入人群的业务，现在都可以快速低成本实现有效的金融服务，甚至包括一些贫困人群和残疾人等特殊群体的金融业务需求。此外，金融科技利用其大数据分析和挖掘技术、人工智能技术可以更为精准地识别出客户，并且快速精准地为客户推荐适合自己的金融产品，从而提升了金融服务数量和质量。

6.2.2 金融科技发展存在的问题

金融科技虽然有很多优点，如使金融机构和科技企业的深度融合等，但是也存在一些不足：

金融科技会因为其技术优势，与金融机构和相关科技企业进行深度融合，这样在一定程度上降低了客户进入金融市场的门槛，从而会导致很多坏账的产生，增大了信用风险。虽然金融科技具有其技术优势，但由于金融科技发展还不是很成熟，因此就会存在一些技术漏洞或是无法弥补的操作失误，有可能会产生用户或平台的交易信息的泄露，从而造成了一定的负面影响。金融科技使金融信息系统更为复杂，增加了金融机构和科技企业之间的关系，一旦发生系统问题，就会有很大的关联性和很高的扩散速度。因此，凡事都是具有两面性的，金融科技虽然能够使得传统金融业务和金融服务进行创新，但是在进行创新的同时，也潜藏很多风险，这就需要我们相关部门及时采取有效的监管措施，既要鼓励金融科技创新，也要有效规避风险发生，这个平衡点需要我们共同去研究、去发掘。

由于国外的金融科技起步相对较早，虽然与我国的金融科技环境形势等不完全一样，但还是有很多值得我们去借鉴的地方。例如，我们可以借鉴国外的金融科技监管模式，国外的监管模式主要包括两类：一是主动监管模式。其中英国和新加坡采用的主动监管模式，其大力发展金融科技监管技术，这样一方面保障了金融科技的创新可以继续，另一方面金融科技也要受到监管的制约，比较典型的有监管"沙盒"。监管"沙盒"已经被多个国家进行试验验证，确定了其对金融科技监管的有效性和适用性，并且保证了当前金融科技现有监管技术的适应性。因此，这项监管"沙盒"模式得到了推广，很多国家都开始采用这种监管模式开展对金融科技和金融市场的监管。二是限制监管模式。美国就是采用这种监管模式，这种模式主要是根据金融科技的金融属性，将与金融科技相关的金融业务加入金融监管体系，在提倡金融创新的同时，越是金融创新能力较强的金融科技企业，越是加强监管的措施，它们一直在探索着找到一个平衡点，在金融科技创新和金融信息安全之间的平衡点。

我国的金融科技起步比较晚，相关金融科技的法律法规也都不太完善，监管手段和技术也都存在漏洞和缺陷，虽然随着金融科技的快速发展，国家已经加大力度对金融科技的监管,并且监管已经从被动出现问题去弥补,转变成了主动预防监管,但是仍然需要进一步完善监管科技和手段,完善相关的法律法规,并且要保证不打击金融科技公司和金融行业的金融创新,因此,未来我国将会在鼓励金融创新和保证安全、加强监管之间努力寻求平衡点,这将是金融科技未来一段时间一个十分重要的课题。

6.3 河北省金融科技发展影响因素分析

河北省的金融科技发展相对于北京和天津而言比较落后。但是,随着雄安新区这一千年大计的启动,再加上国家对雄安新区创新城市的定位,河北省应该抓住这一机遇,加快金融科技的发展。在发展河北省金融科技的同时,要清楚地认识河北省金融科技发展在全国所处的地位,找准优势,进行错位发展。由于河北省金融科技企业在发展基础条件和技术水平方面都没有较好的竞争优势。加上目前我国金融科技企业数量已经比较大,但是它们之间现在的竞争还是很激烈的,因此,最终的赢家和发展趋势肯定不仅仅是体量,而是技术创新。另外,现在很多企业都在打着金融科技创新的牌子进行宣传和业务活动,但有一部分技术创新是否是真的创新还有待验证,很多企业只是打着金融创新的旗号,其实还是在做一些传统的金融业务,这种单位所做的金融科技项目并没有太高的含金量,甚至出现了"假创新",因此,河北省一定要抓住这一机遇,大力鼓励真正的金融创新,同时监管科技也要到位,努力找到金融创新和金融监管的平衡点。

为了提升金融科技水平,河北省要积极借京津冀协同发展和雄安新区建设之东风,从以下几个方面提升自己。

(1) 金融科技的发展基础相对薄弱。

河北省相关金融科技的发展基础比较薄弱,包括监管制度方面,如金融科技相关的信息披露制度,加强金融科技产品的透明度,维护投资者的合法权益,一定要厘清金融科技相关监管部门的职责,增强监管科技。要健全风险控制管理体系,增强金融风险识别、预测和处理。严格管控监管流程,科学制定风险承受程度,合理进行衍生产品定价,避免产生监管套利。

(2) 协调好金融科技与传统金融的关系。

金融科技虽然为传统金融带来了金融业务创新的技术条件,同时也对传统金融机构产生了很大的挑战,但传统金融仍然是整个金融行业很重要的组成部分,所以我们一方面要鼓励金融科技企业勇于创新,另一方面鼓励传统行业积极主动与金融科技企业进行项目合作,倡导新兴金融科技业务既要实现金融业务的创新,又要协助传统金融更好地开展金融业务。实现一种良性的竞争关系,最终促进河北省整个金融行业的生态环境越来越好。另外,金融科技给金融业务带来技术力量的同时,也带来一些风险隐患,因此,我们要积极鼓励金融科技企业合理利用高新技术这一工具,为金融创新提供支持的同时还要防控金融科技可能的风险。

(3) 河北省要增强监管科技,以防止出现金融行业的系统性风险。

金融科技是金融行业与科技企业的深度融合交叉,一旦出现风险就会关联很大,并且扩散速度相当快。因此,金融监管部门应该积极提升监管能力,积极填补金融科技的漏洞,防控风险的发生。另外,金融监管也应积极加入金融科技相关技术,在结合我国实际国情的前提下,积极借鉴国外对金融科技的监管模式,如美国的监管"沙盒"模式、欧洲的限制性监管模式等。最后,要积极发挥第三方机构的监督作用,这样就可以形成多维度、多层次的监管模式,从而促进金融行业的正常运行。

(4) 在进行业务创新时要遵循金融规律。

河北省金融科技在进行业务创新时一定要遵循金融规律。在监管过程中,要强调透过现象看本质,分析现象背后的深层原因,如我国在互联网金融专项整治工作中就是使用"穿透式"监管方法。因此,在进行金融科技创新时也要看清业务的本质,遵循金融规律,防范风险的发生,保护消费者的合法权益。

(5) 政府部门要积极引导和规范金融科技相关技术的发展。

政府部门要发挥引导作用,协助制定相关行业标准,使金融科技行业的技术实现规范发展,形成规模化效应。要强制制定信息安全风险的底线,创建开发、安全、可信的金融服务体系,使用激励措施奖励榜样企业,发挥标杆示范作用。在标准和规则的制定过程中,要积极与国家看齐,这样将技术与业务进行有效的融合,才能使河北省的金融科技实现跨越式发展。

(6) 金融科技监管部门要积极转变监管理念。

金融科技创新虽然能够创新金融业务和服务的渠道和形态,但是其风险的本质并未改变。因此,金融监管既盼望着金融科技能够通过金融创新实现普惠金融,同时也对金融科技给金融系统可能带来的风险存在担忧。由于这种高新技术对金融系统产生的风险是监管部门无法预料到的，因此监管部门更要主动引导和规范金融科技相关技术的发展，避免出现监管套利和漏网之鱼。这就需要监管部门积极深入了解金融科技的相关技术，知己知彼，从而保证河北省金融生态良好发展，保护消费者的合法权益。河北省应构建一个既能鼓励金融科技企业的创新积极性又能确保金融市场稳定发展的监管框架。

（7）金融科技监管部门要积极创新监管科技。

随着金融科技的飞速发展，金融行业产生了全球性大型金融机构，以及证券交易清算体系的创新技术，这些都对金融监管部门提出了很大的挑战。现在金融行业已经实现了全面的信息化和智能化，监管部门也应该紧跟时代的步伐，积极引入监管科技。随着大数据技术和人工智能技术的发展，监管科技也随之变得更加智能化，在对海量做出数据分析之后，形成正确的监管判断，并及时作出合理的正确的决策。监管部门积极引入监管科技，不仅大大降低了人力、物力和财力的成本，同时也可以使监管更加透明化，如可以将监管科技用于调查报告和监管程序的数字化等方面。另外，监管部门也应该积极引入金融科技，这样可以创新监管的模式，未来可以建设一个以大数据和数字身份识别的全新的金融监管模式。

6.4 河北省金融科技的宏观发展方向

（1）区块链等高新技术的研究及应用。

区块链技术最开始应用于比特币，随着比特币长期的稳定运营，从而引起了人们的关注。目前，区块链技术基本上是金融科技行业研究最为火热的技术，世界上著名的金融科技相关的公司和机构都在研究如何将区块链技术应用到金融行业。因此，有人就预言，未来区块链技术不仅将应用于交易平台，还将用于交易之外的各个系统，区块链技术可以减少系统在交易之间的验证步骤，减少文件传递和记账需求，它是完全值得信任的算法机制，这样就可以在提升金融业务效率的同时大大节省人力、物力和财力。

（2）程序化交易在金融科技中的应用。

程序化交易是指通过既定程序或特定软件，自动生成或执行交易指令的交易行为。程序化交易平台给用户比较良好的客户体验，操作简单，还能够灵活地根据自己的需求调整投资策略及组合方案，提升了交易效率。这种交易方式是目前股市非常流行的一种交易模式,其优势在于它可以利用大数据分析技术对历史交易数据进行分析,在通过金融科技相关技术或者模型,从而实现最终的无风险套利操作。这样就使一部分人可以轻松地实现谋利,丰富了投资模式。由于这种模式是建立在算法和数学模型基础之上,利用海量数据分析从而进行预测的,因此,其精准度比较高,并且不受人为因素的影响,可以大大降低投资风险,深受人们的喜爱。从统计数据来看,美国每天股市成交量的三分之二都是通过计算机程序化交易自动完成的,欧洲程序化交易也达到了40%,当然,中国现在也紧随其后,陆续在引入程序化交易。虽然程序化交易有很多优点,但凡事都具有两面性,程序化交易也有可能会给金融市场带来不可预料的风险,因此,我们在充分利用这个新技术的同时,还要积极主动的做好风险的预测,尤其相关监管部门要做好及时主动的监管科技的引入。

(3)人工智能技术在金融科技中的应用研究。

近年来,随着信息技术和互联网技术的飞速发展,大数据、云计算、物联网、深度学习、人工智能等高新技术也随之得到飞速发展。人工智能就是利用深度学习技术、大数据分析技术和数据挖掘技术对历史交易数据进行建模分析,从而,智能计算机就能够学习到金融数据的变化规律,从而对未来的数据实现预测,并且还能根据用户的不同需求实现个性化投资策略定制,这就是现在非常流行的智能投顾,智能投顾不但能根据用户的需求给出投资建议,还能输出分析报告,智能回答客户咨询的各种复杂问题,并根据对历史市场数据的动态跟踪,给出合理的建议,从而让用户的投资风险降低。这已经大大改变了传统的交易员的角色定位,并且金融行业的运营方式也因此发生了改变。

第7章 河北省金融科技发展分析及建议

近几年互联网金融的快速发展，导致很多人直接将互联网金融与金融科技划上了等号。从概念上来说，而金融科技则泛指在服务于金融领域的科技，而互联网金融则是泛指以互联网为媒介的金融，二者属于不同维度的概念。互联网金融属于在互联网时代金融业务拓展的主要形式，其本质仍然是金融，只不过其运行过程主要依靠互联网来承载。但在现阶段，互联网金融在金融科技发展中扮演着先锋兼主体的角色，即金融科技创新主要从互联网金融领域来体现，相关领域的发展差异也在互联网金融有较为集中的体现。京津冀地区作为我国重要的城市群，三地的经济往来、人才交流日益密切，各种资源相互渗透日益加深。作为经济发展血液的金融在三地经济协同发展中将发挥越来越重要的作用，而支撑金融创新的金融科技的发展将对金融在三地发展中发挥积极作用。京津冀作为我国规划的重要城市群增长极，金融科技的平抑差距或长短互补，实现三地在金融领域内的协调发展，是确保该地区保持长久稳定增长的重要保障。

从调研所掌握的情况来看，京津冀在金融科技领域的发展存在非常明显的差异，特别是河北与京津两地差异较大，这一点在互联网金融及其相关资源环境方面有着较为集中的体现。在造成目前这种状况的原因中，既有经济社会环境的因素，也有人才因素，同时也有创新激励机制和创新意识的因素等，接下来本章从京津冀三地金融科技/互联网金融发展优势、劣势，以及形成相关领域差异的根源入手进行分析，并立足区域发展提出河北省金融科技发展的建议。

7.1 简要总结三地金融科技/互联网金融发展的差异

金融科技是技术驱动下的金融创新,而现在社会正处于信息技术时代,金融科技创新的核心驱动力则必然来自信息技术以及互联网。具体来说,金融科技的主要技术承载是由云计算技术、大数据技术、人工智能、物联网以及最近成为研究热点的区块链等技术来实现的。

从行业发展的角度来看,互联网是现阶段我国各个产业创新变革的代表,特别是自从国务院明确提出"互联网+"战略后,更加促进了互联网与传统行业的融合与创新,互联网金融作为一种特殊的金融业态,由于整合了金融和科技前沿资源,很自然地成为金融科技发展的集中体现。目前,金融科技在互联网金融行业实践落地的主要形式包括第三方支付、众筹、P2P、数字货币、金融门户等。除此之外,金融互联网则作为传统金融行业实现"互联网+"融合的重要手段,成为传统金融行业竞相发展的方向。

可见,金融科技的应用首先是依附于金融行业发展的,金融行业的规模、创新、行业服务等方面的差异必然会导致金融科技应用的需求不同;同时,金融科技在行业应用中的推广实施,主要依赖互联网企业或传统金融企业与信息技术优势企业之间的合作。因此,金融科技的发展与落地,与产业状况、金融创新需求、人才支撑等多种要素息息相关,京津冀三地社会发展的不同,也在金融科技创新方面有着较为显著的体现,或者可以说,在金融科技发展领域,河北与京津两地存在着较大的差异,其中既有优势也有不足。

7.1.1 河北省发展金融科技的优势

河北省毗邻京津这一北方经济中心,地处环渤海经济圈的核心区域,这一先天的地理优势使河北能够就近利用京津的资源辐射,特别是京津冀协同发展已经成为重要的发展战略的背景下,京津的资源更加成为河北省今后发展的潜在支撑力量。京津两地无论是经济发展水平,还是科技发展水平,均处于国内乃至世界前列,这些资源成为京津两地金融科技发展的良好培育土壤,这些高水平的资源既能够成为直接辐射河北省金融科技发展的宝贵资源,同时其发展理念、经验也能够为河北省的金融科技发展提供宝贵的借鉴。

此外，河北省目前的产业结构正处于调整升级状态，大量的中小微企业不断涌现，现阶段河北省的中小微企业数量已经超过了 200 万，产生的 GDP 占据了河北省 GDP 总量的 50% 以上，在新技术研发推广、发明专利等方面更是占据了主要地位，为改善产业结构、增加社会就业等方面发挥了非常大的作用。可见，河北省的中小微企业表现出了很强的创新能力和冲劲，河北省未来的发展空间将在很大程度上依靠这些中小微企业来创造，有效扶持这些创新能力强、知识技术较为集中的中小微企业对河北省未来的产业发展升级具有重要意义。目前，这些中小微企业中相当大的比例属于初创企业，普遍存在资金薄弱的难题，严重限制了这些企业的进一步发展，使其在融资方面具有迫切的需求。但由于这些企业存在时间短，企业资产总额少，传统意义上的可质押物价值低，且一次融资额度相对较小，很难通过传统金融企业如银行等获得融资，而民间融资机构又存在融资成本高、规模有限等问题，难以满足河北省现有的中小微企业的融资需求。在现有金融资源不能满足河北省中小微企业融资需求的背景下，必然会催生对互联网金融、金融互联网等新金融业态需求，推进以大数据、人工智能等最新科技实现金融科技的进步，实现融资成本和融资风险的降低。可见，金融科技在河北省的发展是有巨大的市场需求推动的，具有非常大的发展空间。

7.1.2 河北省金融科技发展与先进地区的差距

综上所述，河北省发展金融科技的主要优势在于区域经济中的区位优势，以及大量的中小微企业在未来河北省产业转型升级过程中对金融创新的需求，但在现阶段河北与京津两地在金融科技发展上仍存在非常大的差距，其主要差距体现在以下几个方面：

第一，金融科技应用规模存在显著差距，这一点在互联网金融和金融互联网两方面的应用和推广上均有显著的体现。

第二，现阶段在金融应用创新以及基于金融创新扶持产业发展和消费升级等方面，河北与京津特别是北京存在显著差距。

第三，从业人才以及相关人才培养存在很大差距，无论是相关产业的从业人员的层次、数量还是地方院校相关人才的培养情况，河北与京津两地特别是北京存在很大差距。

7.2　差距的主要体现及根源的简要分析

河北省与京津两地的金融科技发展在规模、支付创新、人才等方面的差距主要体现在互联网金融/金融互联网的发展、相关从业人才的吸引与培养、经济环境和创新意识的差距等，其具体表象和直接原因可总结以下几点：

第一，以 P2P 为代表的互联网金融的发展规模与京津等先进地区存在着较大的差异。在现阶段所有的互联网金融业态中，P2P 金融无疑是具有代表性的一种，同时这种业态也是金融科技在信用风险控制、智能投顾、模式识别等前沿成果应用较为集中的领域，可以说 P2P 金融的发展水平在一定程度上能够直接反映当前某区域金融科技的发展水平。尽管在现阶段 P2P 互联网金融平台中有多家运营公司出现了违约、破产等问题，使 P2P 进入一个发展的低谷期，但作为一种高效且应用了前沿金融科技的互联网金融业态，P2P 金融在未来仍将具有非常大的发展空间，经过现阶段的大浪淘沙之后，随着相关监管政策逐步完善和针对该领域的投资回归理性，P2P 金融必然会迎来稳定增长的发展阶段，并在金融业态中重新占据重要地位。从目前的行业数据来看，相比于京津两地，P2P 金融在河北的发展速度和规模明显低于京津两地，特别是与北京存在十分明显的差距，单就企业数量这一指标就与北京存在十余倍的差距。此外，河北 P2P 金融企业的活跃度也与京津两地存在较大的差距，说明相关的业务规模、业务的大众认知和接受度、服务地方经济的能力和作用等方面，河北也存在较大的发展空间；如再把单个金融企业的资金、业务规模计算在内，则河北与京津两地差距会更加明显。

第二，支付应用创新，即第三方支付的应用在河北省的发展也较为缓慢。第三方支付作为金融科技在支付领域发展的重要成果，其具有传统支付手段无法比拟的资金流通高效性，在打通 B2B、B2C、C2C 之间的资金纽带、加快中小微企业资金循环速度、提升资金效益等方面能够发挥显著的作用。此外，第三方支付具有进入门槛低的优势，能够为初创中小微企业打通低成本、高效的资金流通渠道，这对于中小微企业的生存和成长具有重要的现实意义；移动支付先天具有信息化技术渗透程度深的优势，能够更加灵活地实现大规模数据采集和利用，能够为商业模式创新、风险防范等提供新的渠道、技术手段和基础支撑；第三方支付通过其大规模消费端扩张，对于提高消费端和商业端的资金渠道效率,为更加紧密的商业模式创新和用户端对接创造了条件。可见,第三方支付无论是对于消费端还是中小微企业,都具有十分积极的意义,但与京津两地相比,河北省在第三方支付方面尚存在创新项目不足、企业规模小、客户培养落后等问题,难以形成规模效应,而基于支付的创新往往需要大量的客户数据为支撑,规模不足成为限制河北省第三方支付创新发展的主要因素。

第三,高层次从业人员规模严重不足。总结起来,现阶段的金融科技创新主要是在互联网、大数据、云计算、人工智能、区块链等新技术、新理论的直接驱动下发展的,可以说目前金融科技的创新几乎需要完全依赖信息技术领域的创新。因此,有规模、有厚度的信息技术产业,以及有效的信息技术人才的培育机制和吸引力成为金融科技创新存在和发展的必备条件。尽管京津冀三地资源、人才等方面的交流、渗透不断加深,人员、技术在京津冀的流动有逐步扩大的趋势,但单纯从金融科技相关人才来看,河北省对相关人才的吸引一直处于劣势。相关统计数据也显示了京津冀三地在人才数量、质量方面存在的显著差距,例如,北京、天津拥有大专以上学历的人数分别是河北的 1.7 倍和 1.1 倍;而本科及以上学历人数统计,北京和天津更分别是河北的 6 倍和 3 倍;人均 GDP 和薪资方面,河北只能达到京津两地的 40%~50% 的水平,通过这些数据可以明显看出,河北和京津两地在人才吸引、聚集方面存在的明显差距。京津两地特别是北京,一直是我国信息技术人才的传统聚集区域,号称中国硅谷的北京中关村在近 30 年的历史中一直扮演着我国信息技术产业发展和交流核心的角色,聚集了联想、百度、搜狐、360 等著名一线 IT 企业的总部;而国内外其他著名信息技术和互联网企业如腾讯、阿里巴巴、甲骨文、IBM 等,往往会把区域总部或重要的技术部门设置在京津两地。各种跨国 IT 企业和国内知名的 IT/互联网企业,使京津两地特别是北京聚集着大量最优质的信息技术行业资源,这些资源也吸引着河北乃至全国最优秀的信息技术人才趋之若鹜。信息技术产业是对高技术人才严重依赖的产业,高层次人才向北京汇集,直接导致河北的信息技术企业在规模、层次、数量等方面与京津两地存在显著差距,河北的信息技术产业不但规模小、从业人员少,且现有的专业人力资源使河北的信息技术企业更多从事的是二次开发、实施、维护等知识、技术含量较低的工作,对河北金融科技的发展产生了严重不利影响。

第四,三地在人才培养方面存在明显差距,特别是河北与天津、北京的差距巨大。在高等教育资源和科研院所分布上，河北与京津两地相比明显处于劣势。由于历史原因，河北没有"985"院校，只有一所河北工业大学入选了"211"工程，2017年的"双一流"也只有河北工业大学入选，而河北工业大学校址却在天津，在对河北的高层次人才输出与科研支撑方面发挥的作用受到了显著影响。河北近年来花大力气扶持省内高校加快建设步伐，但由于底子薄、差距大，高等教育建设又不是能一蹴而就的工作，需要较长的建设周期，导致河北与高等教育先进省市仍存在十分显著的差距。相比之下，京津两地在高等教育资源和科研院所分布方面就具备较为明显的优势，例如，北京海淀区已经被认为是全球知识资源最为密集的区域之一，其中高校资源汇集了清华大学、北京大学、人民大学、北京邮电大学、北京信息科技大学、北京理工大学等一大批高水平乃至国内顶尖学府；除高校外，海淀还汇集了大量的企业研究机构，如微软亚洲研究院、百度研究院、滴滴研究院等，这些企业背景的科研机构利用行业的数据、资金等方面的优势，汇集了大量相关领域的顶尖人才，其科研实力并不逊于高校和其他科研院所，甚至有些领域的研究更加领先，企业背景的科研机构一方面在推动行业应用创新和科研成果转化应用方面发挥着直接作用，另一方面这些企业的高水平研究工作对高层次人才的进一步培养、深造方面也发挥了十分重要的作用，这些科研机构与高校之间的人员流动、互换也十分频繁。从一定角度来说，海淀这种汇集了大量高水平院校、科研机构和高技术企业的区域，已经形成了人才培养、输出、流动循环的半闭环生态。从这一角度来看，河北的高校、企业之间的互动、合作方面尚未形成良好、稳定的生态环境，与天津相比尚存在显著差异，与北京的差距是更加显著。

第五，经济规模和环境差异显著。河北经济规模与京津两地存在较大差距，从2017年的统计数据来看，北京的GDP为2.8万亿元，天津的GDP为1.85万亿元，河北11个地级市的GDP总和是3.6万亿元，足见三地在现阶段的经济发展规模上存在的显著差异，且京津两地的经济更多的是依靠高端制造业、信息技术、互联网、第三产业等支撑，与河北更多依靠传统产业的经济结构有着很大的不同。因此，在现阶段河北面临市场活跃度相对不足、创新意识和需求相对较弱等问题，进而导致对金融创新的需求不足，这也是河北与京津两地金融科技存在差距的重要基础性原因。此外，从经济环境来看，三地也存在着较为明显的不同，例如，天津充分利用其滨海新区资源，发挥其在环渤海经济圈的区域中心地位，推进其国际航运、物流、高技术制造中心的建设，活跃的创新工业和物流，推动了市场的活跃度，自然催生了对金融创新业务的大量需求；北京作为全国的政治、经济中心，在国际化、信息产业、高端制造等产业方面聚集了大量的资源，尽管北京一直在努力消解大量的非首都功能，高技术产业特别是其中的制造环节正在逐步外迁，但相关的分支机构或首脑决策机构仍旧在北京发挥着大量的作用，必然使北京的金融业务活跃且对金融创新存在着很大的需求；河北多年来的发展一直是以传统产业为主导的，如能源、冶金、化工等，这些产业先天具有投资大、周期长等特点，新产业、新经济在河北产业中所占比重偏低，导致河北金融行业需求主要依靠传统的银行，对金融创新的需求少，尽管近些年河北下大力气抓产业升级和优化结构，但产业升级并非一朝一夕就能够完成的，传统产业结构存在巨大的惯性，使这一过程将是一个长期持续的调整过程。

第六，金融创新意识相对不足是河北省金融科技创新发展滞后的原因之一。金融创新意识与多种内外因素息息相关，如产业发展对金融创新的需求、相关行业人才的支撑、金融创新生态环境的扶持、金融产品消费端的固有习惯等，均会对金融创新活跃度产生影响，而金融创新活跃度提高必然会催生金融科技创新投入增加，使更多的创新金融产品推向社会，从而使社会的整体金融创新接受度得以提升，反过来必然会推动全民金融创新意识的提高，促进金融创新从而带动金融科技的发展。可见，金融创新意识和金融科技的发展是相辅相成、相互促进的关系，两者的发展形成了闭环正反馈，两者中任何一方被激发都能够为形成金融科技创新发展良好态势的推动力。因此，目前在河北省金融科技应用相对落后的情况下，提升金融创新意识是改变河北省金融科技创新薄弱的有效手段。

7.3 促进河北省金融科技发展意义和手段

7.3.1 促进河北省金融科技发展的意义

金融科技的快速发展，依托互联网金融和金融互联网这两种新的金融业态，已经成为金融创新的重要支撑，其创新研究成果在多种金融应用场景中得到了应用，如基于大数据的风险控制、智慧化的金融产品超市、P2P 金融、支付技术等，对于优化金融产品、改善金融环境、改善融资环境、降低融资成本、促进产业升级和消费升级等方面已经发挥了显著的作用，河北目前需要解决产业转型升级中的一系列问题，在这一过程中如何有效发挥金融的支撑作用，利用好金融科技这一辅助手段则是其中的重要因素，主要体现在以下几个方面：

第一，金融科技能够降低融资成本，提高融资效率，这一点对于解决中小企业特别是初创科技型企业的融资问题具有直接现实意义。在金融科技创新的支撑下，互联网金融以及金融互联网这种新的业态成为重要的金融通道，由于能够利用人工智能、大数据等新技术，新的金融通道具有高效、成本低的特点。这种新的金融业态与传统的银行和证券市场相比，有着无法比拟的优势。在大数据时代，多源异构数据应用变得越来越成熟，之前处于"信息孤岛"的状态下的数据能够很好地实现相互补充，使金融链条上无论是供方还是需求方，都能够以更加高维度的视角和更加全面、客观的标准来审视融资中遇到的问题，即在以往融资过程中难于处理的信息不对称问题在大数据技术的加持下在很大程度上得到了解决。更加平衡、透明的信息，使信用风险评估、投资回报率预测等在传统融资方式中难以充分解决的问题，在金融科技的辅助下得到了非常大的改善。可见，充分应用了金融科技创新的业务能够极大地降低中小企业的融资难度，提高融资效率，能够为市场中资金需求方与供给方搭建快速、可靠的通道，能够大大提高融资效率。同时由于人工智能的辅助，使融资的审核评估过程变得更加客观，且能够有效控制过程成本，一方面能够为中小企业融资风险提供更加可信的科学评价，在大浪淘沙中发现真正有发展前景的、有投资价值的企业；另一方面融资过程可以依靠信息技术降低对人力智力资源的依赖，由于大数据人工智能技术的加持，可以使之前的经验以知识模型的形式被记录下来并能够做到随数据量的增大而不断完善升级，且信息化条件下知识模型具有可复制的特点，模型的可重复利用率非常高，且大数据技术能够给予知识模型非常高的执行效率，因此能够做到在提高效率的同时能够有效地节约成本投入，使很多在传统业务模式下由于成本原因无法操作的融资活动变得可操作、有利润，这一点能够使很多处于成长中的中小科技企业受益，为这些企业的成长构建更好的金融生态。

第二，金融科技的发展对于推动金融企业创新金融服务乃至行业创新升级具有重要意义。在金融科技支撑下新的金融业态不断出现，金融市场的开放程度和竞争程度也在不断提升，特别是以互联网金融企业为代表的企业，通过其具有先天优势的信息技术，对传统金融企业产生了冲击，能够促使传统金融企业加入金融科技创新的队伍中来，例如，目前河北省很多商业银行和政策性银行都专门设立了互联网事业部或安排专门部门负责互联网拓展业务，就是顺应了当前行业的发展趋势。金融科技的广泛应用必然带来金融创新，进而推动相关产业链条如电子商务、支付、物流、智能制造等环节的发展和变革，这些环节的变革将会逐步渗透到产业链的各个环节，变革对这些环节的渗透必然会对其推动"互联网＋"变革与创新产生积极作用，使其在运行管理模式创新、产品创新、资源整合与利用等多个方面产生积极变化，最终实现促进企业在科技、研发方面的创新与应用推广。

第三，金融科技对于河北省实现产业转型升级具有重要意义。在前面分析河北省金融科技发展滞后的原因中已经提及，河北省产业结构是以传统产业占据主导地位的，这些产业除了存在金融创新需求弱的问题外，更重要的是还存在产业竞争过剩、产能过剩、高污染、高能耗、附加值低等一系列问题，依靠科技创新逐步优化河北省的产业结构是河北省未来发展的必由之路，而在去传统产能的同时如何找到新的产业增长点是未来河北省发展必须解决的问题。金融科技的渗透不但能够以更加灵活的金融服务促进河北省产业链的创新升级，同时其本身所涉及的大数据、人工智能、云计算等信息技术前沿领域就能够在很大程度上支撑河北省的创新基础体系。随着新技术运用的深入，这些技术既可以直接服务于金融科技领域，同时其发展和研究成果也能够服务于河北省的高新技术产业，在技术输出、技术合作、人力资源等方面为河北省的产业创新和产业升级提供全方位的支持。

综上所述，在现阶段以大数据、人工智能、云计算等信息技术为主要驱动的金融科技创新的发展和落地对于提升河北省整体经济质量，促进产业升级具有十分重要的意义。

7.3.2 推进河北省金融科技发展的建议

第一，加强引导和支持，为金融科技创新创造良好的外部环境。

坚持"走出去、引进来"的发展思路，以"开放、合作、共赢"为主导思想发展河北省的金融科技产业，鼓励河北省企业创新开拓，走开放合作路线，或支持金融科技相关行业企业参与国内先进企业的项目或长期合作，或鼓励河北省正处于转型升级中的企业积极利用先进地区企业特别是京津地区的各种先进资源，促进自身发展，具体措施建议如下：

（1）出台鼓励政策，促进河北省互联网金融/金融互联网的发展。在现阶段，信息技术是推进金融科技创新的原动力，因此金融科技的成果能否顺利转化为经济和社会效益最终需要依靠互联网金融/金融互联网的发展，而互联网金融/金融互联网的发展同样要走开放合作的发展路线，既要内部发展也要灵活利用先进地区先进企业的各种资源。因此，建议河北省在保证行业规范和监管的前提下，鼓励有雄厚资金的科技型企业涉足互联网金融业务，有条件地放宽准入门槛，允许这些企业申请获得相关的业务经营资质，使河北省现有的潜在大型优质金融资源能够更加方便、充分地发挥其作用。（2）鼓励以河北省地方商业银行和政策性银行为代表的金融企业开拓互联网业务，推进这些金融企业与河北省各大科研院所、高校、科技型公司的合作，引导知识、技术流向金融科技的应用一线，可在相关的科研课题资助方面对金融科技类课题予以倾斜，并对积极研发并开展互联网业务的金融企业在税收等政策方面予以一定的奖励。（3）河北省存在着大量的中小规模的金融企业，如地方小额贷款公司、中小型P2P金融平台等，这些企业一方面掌握着相当数量的金融资源，但往往存在运行无序、不规范、抗风险能力差、金融科技水平低等问题，这些问题已经成为企业良性发展的桎梏，提升企业的金融科技水平则是解决其主要的有效手段，但这些企业由于体量小尚无力独立承担金融科技创新的任务，但如果这些企业能够加强合作，即可做到共享成果、共同发展，因此建议在政府引导下构建中小金融企业的合作平台，平台与企业可以合作开展金融科技探索，并有条件地共享信息和金融科技发展成果，最终实现共同发展。（4）多方引进优质资源，把最优秀的金融企业引进河北省，通过前期调研获得信息来看，即使是京津地区，其金融科技资源也并非全部由当地获得，因此接受京津两地的资源辐射，在金融科技领域开展合作能够直接推动河北省金融科技的发展，京津两地聚集了大量的信息科技人才，聚集了如京东金融、360金融等国内一线互联网金融企业，在相关领域产生了大量的研究或技术成果，通过政府引导或搭建合作平台，促进这些成果在河北金融科技领域的转化落地，具有非常大的可操作空间，同时也可以通过政策鼓励京津两地的优质互联网金融企业直接在河北省拓展业务，与河北省的产业升级深度结合，实现三地在金融、产业、技术等方面的全方位合作。

第二，加强人才引进和培养。

如前所述，人才匮乏是限制河北省金融科技发展的重要原因，也是基础性原因。其中既有人才引进环境的因素，也有人才培养方面的因素，因此要从吸引人才和培养人才两个方面入手来解决此问题。

河北省应出台政策鼓励本地互联网金融/金融互联网企业引进高级管理人才、高水平技术人才和学者，并推出相关配套优惠政策，在科研立项、住房、子女入学等方面提供保障；支持这些人才申报河北省的高级人才项目并在资金支持方面予以保障；推进金融科技人才库建设，将河北省具有突出业务能力、突出业绩的金融科技领域相关人才纳入人才库中，在申报河北省高级人才项目和资金保障方面同样予以支持，为这些高级人才提供更多的社会保障，加强人文关怀，减少人才流失；加强金融科技人才培养，如鼓励行业背景浓厚的高等院校在现有的信息技术相关专业的基础上，有针对性地开设金融科技相关的专业方向，鼓励具有研究生培养资格的院校设置金融科技相关的研究方向，特别是与大数据风险控制、智能量化投资、云计算、金融物联网、区块链技术等相关的专业或研究方向，培养专业、复合的人才。此外，也可鼓励河北省高校开设互联网金融专业、数据科学与大数据技术、人工智能等与金融科技关联十分紧密的专业，注重在人才培养过程中贯彻"基于产出的教育"（outcomes-based education，OBE）的理念，即人才培养要面向河北省金融科技发展的需要和京津冀协同发展的需要，以明确的社会行业需求出发培养金融科技领域的人才，并在学生毕业就业的过程中予以优惠鼓励政策，做到"科学培养人才，合理安排出口"。

第三，推进信息产业发展。

信息产业是目前金融科技发展的直接驱动力，金融科技的快速发展离不开信息技术的支撑。以目前金融业务中最为核心的风险控制为例，现阶段无论是传统银行还是拓展金融业务的互联网企业，都在不同程度上依靠大数据、数据挖掘、深度学习、区块链等最新的信息技术研究成果来实现更加精准的风险控制，其中很多一线互联网金融企业的风控业务几乎要完全依赖人工智能的支撑。如前所述，信息技术的大量运用最终必然会促使金融业务的运行成本显著下降，但在信息技术实施的初期，还是需要金融企业进行大量的人力、财力投入，特别是对于河北省初步涉足信息技术产业的金融企业来说，由于前期技术积累不足，若采用自主研发的方式开始拓展相关技术领域，必然会出现前期投入巨大、产生经济效益慢、效果难以保障等诸多问题和隐患。

从京津以及其他部分金融科技较发达的区域来看，行业间的协作助力和相互融合是实现金融科技快速发展并取得突破的有效途径。以北京的金融科技发展为例，除了互联网企业涉足金融领域的情况外，大量传统金融企业走"互联网+"发展道路的过程中，大量借助了现有的信息技术产业的资源，《中国金融科技产业生态研究报告》对此也有十分明确的阐述，并且在金融科技产业体系中，从事信息技术产业的科技企业更是起到了决定性的基础作用。因此，对于河北省的金融产业来说，发展和利用好外部信息科技产业资源，是河北省金融科技产业营造良好的产业生态环境、快速推进金融科技水平提升的必要手段。

良好的信息技术产业生态环境给河北省金融科技发展带来的改变是多方面的：（1）信息技术产业的发展，能够直接推动金融科技的快速提升：信息技术作为现阶段金融科技发展的直接驱动力，其技术水平的提升必然可以使河北省金融科技的发展具备更加完善的产业环境支撑，能够使更多的规划、设计、创新产品落地具备了可操作性；（2）降低金融企业成本，提升经营效益：信息技术产业的发展，能够为金融企业带来更多的可直接利用的技术资源，避免了金融企业再走从无到有的摸索道路，少走弯路，尽早使金融科技方面的投入产生实际经济效益，而金融企业也能够为信息技术企业的技术落地创造环境，实现双方的良性互动，进而推动两个产业经济效益的同步提升；（3）改变河北省金融科技应用推广的社会经济环境：信息技术产业一直是近年来创新意识最强的产业之一，信息技术产业的快速发展对于提升整个社会的创新意识能够起到直接推动作用，其快速发展还可以引导社会资金的流向，加快河北省传统产业转型升级，还可以为包括金融科技在内的新技术成果落地实施创造更好的大环境，且信息技术产业在未来的数十年中仍然属于朝阳产业，优质资产比例相对较高，其对金融的需求将一直处于旺盛状态，能够为金融企业提供更多高质量的投资渠道。

在信息产业发展方面，建议采用政策鼓励、开放合作的思路。政策鼓励，即通过更加优惠的政策扶持和引进河北省当地资金流入信息技术产业，即在税收、项目审批、融资等多方面为从事信息技术产业的高新技术企业提供更加优越的扶持条件；开放合作是引进信息产业先进地区的技术、人员、项目，带动河北省信息技术产业快速发展，利用京津两地的信息技术产业可以就近辐射河北省，同时也应当看到京津两地也在因地制宜地广泛利用全国的技术资源，河北省也应放宽眼界，着眼于自身信息技术产业未来规划的需要，合理整合国内外各种可用的先进技术资源为河北省所用,同时也能够带动河北省本地的信息技术产业快速提高。

第四,科学制定并健全相关法规,规范行业行为。

互联网金融/金融互联网的出现,对传统业态下的金融监管体系产生了很大冲击,特别是很多互联网企业出身的企业,创新意识强但监管意识不足,导致金融行业出现了很多问题,风险、违规等问题随之而来,十分不利于行业的健康发展。因此,在创新的同时守住监管底线是河北省金融科技长久健康发展的根本保障,应由政府牵头组建相关监管机构,针对互联网金融/金融互联网新业态下出现的新问题进行科学判断并作出评估,科学制订或完善相关监管法规,严格监控金融领域的各类违法行为,绝不允许企业打着金融科技创新的旗号做违规业务,坚决杜绝客户隐私信息买卖、金融欺诈、非法集资、洗钱等各种违法行为,为金融科技的发展创造规范、健康的行业环境。

第五,从征信入手加强风险控制方面的投入,保护投资者合法权益。

风险控制是金融的核心,利用大数据、人工智能实现金融风险控制本身就是金融科技创新最主要的方面之一,同时金融科技创新的落地也需要健康的金融行业环境,而良好风险控制是构建健康的金融行业环境的基础,因此风险控制既是金融科技发展的内容,同时也是金融科技能够长久健康发展的基础。目前,河北省金融企业除了金融、证券、保险等大型传统金融企业外,还存在着大量的中小融资机构、中小规模互联网金融平台等,而这些企业往往是金融风险爆发的集中群体,相比于大型金融企业来说,中小规模的金融企业的监管存在着诸多难题,如企业数量庞大,信息不完备、不透明,人员流动性大等,加强中小规模金融企业的风险监控是目前风险监控的难点问题。有效地实现金融企业风险控制方面的把控,监管和有效的征信体系是其坚实的保障。若要实现有效的监管,首先需要强有力的风控和安全保障机制,对金融科技创新背景下出现的新产品、新成果带来的风险要有科学的评估,这项工作内容繁杂、工作量巨大,单纯依靠政府部门是难以完成的,因此做好金融科技背景下的风险控制工作应遵循"政府主导,企业参与"的原则,其中政府主导是指风险控制工作应由政府部门牵头并作为统一领导,其主要原因在于风控涉及的企业数量众多,各项工作均需要有力的协调和支持,因此政府主导是风险控制工作得以顺利推进的基本条件。

完备的征信体系则是实现风控和监管目标的根本保障,其中主要包括企业征信和个人征信,分别为各自面向的金融市场服务。其中,企业征信主要是收集企业信用信息、生产企业信用产品的机构；个人征信主要是收集个人信用信息、生产个人信用产品的机构。我国的征信体系建设自改革开放后先后经历了起步、探索、大规模发展这几个阶段，并且随着社会经济发展逐步受到了越来越大的重视，央行牵头建立的信贷登记咨询系统也成为我国最重要的企业、个人征信系统，在构建信用社会的过程中发挥了重要的作用。近几年随着金融科技创新逐渐成为金融创新的主要手段，已有的征信体系面临着从封闭走向开放的挑战，具体表现为传统金融生态下无论是企业用户还是个人用户，其资金流动渠道以及消费、采购、收入等各种相关的信息都是在相对封闭的信息环境中存储和应用，而随着金融科技创新的不断加深，第三方支付、P2P等新的金融业态使金融业务的外延不断扩大，相关数据的开放性也达到了空前的高度，这些创新金融业务在做信用评价时传统的金融数据很难满足要求，也就催生了利用大数据实现征信的需求，可以说大数据征信既可以看作是金融科技的发展成果之一，也可以看作是确保未来金融科技创新进一步健康发展的必要保证。目前，采用大数据实现征信并将其应用在金融风险控制仍面临诸多问题，主要表现在如下几点：（1）技术上仍存在难点，主要是在现阶段针对大数据，特别是多源异构大数据的处理技术上仍存在诸多难题，如网络数据获取难度大、数据存在不真实或不一致性的问题、异构数据实现统一表达难度大、数据维度过高等问题，且大量的信用相关数据融合后，如何快速得到评价结论，也是对现有的计算机系统性能的严峻挑战；（2）存在政策法规风险，这一点在针对个人征信的应用中尤其突出，由于针对个人征信特别是基于大数据的个人征信发展时间较短，相关的监管体系也不成熟，从征信结论科学性的角度来说，评价方自然希望获得更多的用户细节信息，这些信息的使用很有可能存在用户的隐私泄露的风险，而由于隐私信息泄露所导致的事故案件在近几年已经屡见不鲜，如何界定隐私信息，或者如何在保证征信需要的同时确保用户的信息不被滥用，是目前大数据征信面临的另一个主要问题。

目前，我国的征信机构已经形成了公共征信和民用征信相结合的征信体系，主要由央行、商务部、地方乃至私营机构等不同的机构构成，此类机构在河北省也不在少数，这些资源是做好征信和金融风控的有力工具，此外，河北省的传统金融企业也积累了大量的风险控制相关数据，这些数据的合理有效利用在补足征信体系短板，提升征信评价质量方面也能够发挥有效作用。因此，建议河北省一方面要加强完善监管工作，构建完善适度的监管体系，引导大数据征信的良性成长，根据法律规定，在用户数据的使用授权、使用监管、共享利用等方面做出严格规定，使用户数据在安全合理的范围内得到有效的利用。另一方面，要在政府的主导下完成资源整合和共享机制，打破"信息孤岛"和访问壁垒，让合规合法的企业能够通过正规渠道获得征信所需的高质量数据，为大数据征信创新提供平台保障，通过构建平台整合或引进企业的大数据、金融科技相关人才，实现数据和知识的整合，使河北省能够在金融科技创新背景下实现有效的金融风险控制。

7.4 总　结

现阶段，金融科技的发展离不开互联网金融/金融互联网等新金融业态的快速健康发展，这些新业态是金融科技的载体同时也依赖金融科技来实现金融创新。金融科技创新、金融创新是与社会经济发展、产业升级息息相关的，因此，发展金融科技也是未来河北省金融行业乃至社会经济健康发展的有效工具和有力保证。

目前，河北省尽管与国内先进地区在金融科技发展水平上尚存在一定的差距，但河北省的经济、社会发展已经给金融科技的发展提供了土壤。河北省已经出现了一定数量的互联网金融企业，传统的金融企业也在积极探索互联网化，这些都为金融科技在河北省的发展提供了广阔的空间。尽管目前由于行业、社会经济环境等诸多原因，河北省的金融科技发展水平、应用规模、相关辅助产业和人才等方面与京津等先机地区仍存在显著的差距，并且在现阶段大量互联网金融企业暴露出很多问题，在一定程度上影响了金融科技发展的行业环境，但通过金融科技创新推动金融行业变革，进而辅助河北省的产业转型与升级是河北省金融行业发展的必由之路。在政府部门的主导下，明确定位，通过整合资源、加强区域合作、做好人才培养、加强监管规范行业行为，为金融科技的发展提供良好的政策、人才、行业环境保障，河北省的金融科技必然会与金融业乃至河北省的优势产业形成良性循环互动，在推动河北省社会发展中发挥积极作用。

参考文献

[1] 邱兆祥,安世友,刘国平. 科技与金融结合的特点及制约因素分析 [J]. 金融发展研究,2016(01):42-46.

[2] 析文. 美国金融科技蒸蒸日上,中国互联网金融或将消失?[J]. 互联网周刊,2016(07):14-15.

[3] 韩梅. FinTech 的创新与变革分析 [J]. 创新科技,2016(06):57-60.

[4] 韩玉军,王丽. 文化科技融合创新的金融支持研究——基于1995—2013年中国数据的实证分析 [J]. 深圳大学学报(人文社会科学版),2016,33(04):36-41.

[5] 佟金萍,陈国栋,曹倩. 区域科技创新、科技金融与科技贸易的耦合协调研究 [J]. 金融发展研究,2016(06):18-23.

[6] Robard Williams. Fintech 将改变竞争格局 [J]. 首席财务官,2016(15):41-45.

[7] 芦国荣. 英国金融科技创新:政策支持及启示 [J]. 甘肃金融,2016(08):31-34.

[8] 刘秋万. 极限虚拟化与金融科技 [J]. 中国金融,2016(16):76-77.

[9] 朱太辉,陈璐. Fintech 的潜在风险与监管应对研究 [J]. 金融监管研究,2016(07):18-32.

[10] 巩世广,郭继涛. 基于区块链的科技金融模式创新研究 [J]. 科学管理研究,2016,34(04):110-113.

[11] 廖岷. 全球金融科技监管的现状与未来 [J]. 中国中小企业,2016(10):76-79.

[12] 廖岷. 全球金融科技监管的现状与未来走向 [J]. 新金融,2016(10):12-16.

[13] 唐莉，程普，傅雅琴. 金融科技创新的"监管沙盘"[J]. 中国金融，2016（20）：76–77.

[14] 赵鹞. Fintech 的特征、兴起、功能及风险研究[J]. 金融监管研究，2016（09）：57–70.

[15] 普华永道全球金融科技团队. 跨越行业界线：金融科技重塑金融服务新格局[J]. 金融市场研究，2016（05）：51–63.

[16] 杨飞. 金融科技创新的机遇与挑战[J]. 杭州金融研修学院学报，2016（11）：27–30.

[17] 佛山市金融学会课题组，李灿宇. 区域金融、科技、产业如何实现三融合：广东佛山案例[J]. 南方金融，2014（11）：101–105.

[18] 郭田勇，丁潇. 普惠金融的国际比较研究——基于银行服务的视角[J]. 国际金融研究，2015（02）：55–64.

[19] 马兴国，崔玉萍. 浅谈金融科技与金融创新的关系[J]. 商场现代化，2015（09）：169.

[20] 许汝俊，龙子午，姚逍遥. 基于 DEA–Malmquist 指数法的科技金融发展效率评价研究——以长江经济带为例[J]. 科技管理研究，2015，35（13）：188–191.

[21] 郑玉航，李正辉. 中国金融服务科技创新的有效性研究[J]. 中国软科学，2015（07）：127–136.

[22] 刘佳宁. 科技、金融、产业"三融合"的广东实践[J]. 南方经济，2015（09）：112–116.

[23] 潘雄锋，史晓辉，王蒙. 我国科技发展的财政金融政策效应研究——基于状态空间模型的变参数分析[J]. 科学学研究，2012，30（06）：865–869.

[24] 文竹，文宗川，宿北雁. 基于 TRIZ 理论的科技金融创新模式研究[J]. 科学管理研究，2012，30（03）：17–19.

[25] 李慎明. 金融、科技、文化和军事霸权是当今资本帝国新特征[J]. 红旗文稿，2012（20）：7–9.

[26] 回广睿，徐璋勇，师荣蓉. 科技金融相关文献回顾与综述[J]. 未来与发展，2012，35（09）：27–31.

[27] 杨涛. 正视金融科技的变革与挑战[J]. 清华金融评论，2016（10）：30–33.

[28] 卫冰飞. 中美金融科技比较及思考 [J]. 清华金融评论, 2016 (10): 41-45.

[29] 严圣阳. 我国金融科技发展状况浅析 [J]. 金融经济, 2016 (22): 156-158.

[30] 胡滨, 杨楷. 监管沙盒的应用与启示 [J]. 中国金融, 2017 (02): 68-69.

[31] 王丽辉. 金融科技与中小企业融资的实证分析——基于博弈论的视角 [J]. 技术经济与管理研究, 2017 (02): 93-97.

[32] 钟鸣长. 新加坡FinTech生态系统建设及其启示 [J]. 电子科技大学学报(社科版), 2016, 18 (06): 30-38.

[33] 官晓林, 杨望, 曲双石. 区块链的技术原理及其在金融领域的应用 [J]. 国际金融, 2017 (02): 46-54.

[34] 章祥生, 陈雨薇. 金融科技助力农村普惠金融发展——以江西省婺源县农村金融便民店为例 [J]. 金融科技时代, 2017 (03): 68-71.

[35] 伍旭川, 刘学. 金融科技的监管方向 [J]. 中国金融, 2017 (05): 55-56.

[36] 吴晓光, 王振. 金融科技转型的着力点 [J]. 中国金融, 2017 (05): 57-58.

[37] 李文红, 蒋则沈. 金融科技 (FinTech) 发展与监管: 一个监管者的视角 [J]. 金融监管研究, 2017 (03): 1-13.

[38] 陆岷峰, 虞鹏飞. 金融科技与商业银行创新发展趋势 [J]. 银行家, 2017 (04): 127-130.

[39] 王广宇, 何俊妮. 金融科技的未来与责任 [J]. 南方金融, 2017 (03): 14-17.

[40] 蔡元庆, 黄海燕. 监管沙盒: 兼容金融科技与金融监管的长效机制 [J]. 科技与法律, 2017 (01): 1-12.

[41] 李伟. 金融科技发展与监管 [J]. 中国金融, 2017 (08): 14-16.

[42] 张景智. "监管沙盒"的国际模式和中国内地的发展路径 [J]. 金融监管研究, 2017 (05): 22-35.

[43] 中国人民银行广州分行课题组, 李思敏. 中美金融科技发展的比较与启示 [J]. 南方金融, 2017 (05): 3-9.

[44] 丘邦翰，胡志宏. 金融科技对金融风险管理影响之探讨 [J]. 海峡科学，2017（05）：76-78，85.

[45] 崔子腾，马越，吴晗. 金融科技发展对银行业的影响及对策研究 [J]. 中国物价，2017（06）：43-45.

[46] 陈生强. 金融科技的全球视野与实践 [J]. 中国银行业，2017（05）：46-49.

[47] 丁冬. 金融科技勃兴背景下金融监管法制的变革 [J]. 上海政法学院学报（法治论丛），2017，32（04）：22-29.

[48] 钟鸣长. 金融科技发展调查及对金融业的影响 [J]. 电子科技大学学报（社科版），2017，19（03）：28-35.

[49] 周永林. 金融科技：新金融生态下的机遇与挑战 [J]. 金融电子化，2017（02）：52-55+6.

[50] 贺建清. 金融科技：发展、影响与监管 [J]. 金融发展研究，2017（06）：54-61.

[51] 王娜，王在全. 金融科技背景下商业银行转型策略研究 [J]. 现代管理科学，2017（07）：24-26.

[52] 周衍鲁. 我国金融科技发展路径及其影响 [J]. 金融发展研究，2017（05）：86-87.

[53] 谢林吟，贺翔，赵群. 金融科技促进金融创新的机理分析及其在中国的发展 [J]. 宁波大学学报（人文科学版），2017，30（03）：87-93.

[54] 尹海员. 金融科技创新的"监管沙盒"模式探析与启示 [J]. 兰州学刊，2017（09）：167-175.

[55] 易宪容. 金融科技的内涵、实质及未来发展——基于金融理论的一般性分析 [J]. 江海学刊，2017（02）：13-20.

[56] 孙国峰. 共建金融科技新生态 [J]. 中国金融，2017（13）：24-26.

[57] 李东荣. 金融科技发展要稳中求进 [J]. 中国金融，2017（14）：36-37.

[58] 宋佳儒. 金融监管在Fintech兴起背景下的制度选择——以"沙盒模式"的移植与本土化为进路 [J]. 福建金融，2017（07）：22-25.

[59] 林文渊. 金融科技背景下中国银行业相关发展与未来建议 [J]. 国际金融，2017（08）：38-45.

[60] 劳佳迪, 陈惟杉. 赋能传统金融强化金融风控 FinTech 来了金融科技将助力中国金融业"弯道超车"[J]. 中国经济周刊, 2017 (33): 17-23, 16, 88.

[61] 彭斯震. 英国金融科技创新及对我国的建议 [J]. 全球科技经济瞭望, 2017, 32 (05): 39-45.

[62] 陆岷峰, 葛和平. 金融科技创新与金融科技监管的适度平衡研究 [J]. 农村金融研究, 2017 (09): 7-12.

[63] 陈熔. 金融科技的金融法适应性研究——以智能理财的理财资质为例 [J]. 海南金融, 2017 (09): 70-77.

[64] 粟勤, 魏星. 金融科技的金融包容效应与创新驱动路径 [J]. 理论探索, 2017 (05): 91-97, 103.

[65] 杨东. 防范金融科技带来的金融风险 [J]. 红旗文稿, 2017 (16): 23-25.

[66] 孙国茂. 区块链技术的本质特征及其金融领域应用研究 [J]. 理论学刊, 2017 (02): 58-67.

[67] 柴瑞娟. 监管沙箱的域外经验及其启示 [J]. 法学, 2017 (08): 27-40.

[68] 杨松, 张永亮. 金融科技监管的路径转换与中国选择 [J]. 法学, 2017 (08): 3-14.

[69] 张秀萍. 金融科技时代商业银行的创新与转型 [J]. 金融电子化, 2017 (03): 46-48.

[70] 交通银行金融研究中心课题组. 金融科技与商业银行息差管理研究 [J]. 新金融, 2017 (09): 36-40.

[71] 汪辉, 刘远亮, 肖馨. 金融科技的应用现状及其对商业银行的启示 [J]. 海南金融, 2017 (08): 26-32.

[72] 伍旭川. 金融科技监管的国际经验与启示 [J]. 北方金融, 2017 (07): 12-16.

[73] 胡滨, 郑联盛. 金融科技倒逼监管改革 [J]. 中国经济报告, 2017 (09): 91-94.

[74] 毕夫. 全球金融科技与监管科技的新革命 [J]. 对外经贸实务, 2017 (09): 92-95.

[75] 朱俊杰, 王彦西, 张泽义. 金融科技发展对我国产业结构升级的

影响 [J]. 科技管理研究, 2017, 37 (19): 31-37.

[76] 乔海曙, 杨彦宁. 金融科技驱动下的金融智能化发展研究 [J]. 求索, 2017 (09): 53-59.

[77] 蔺鹏, 孟娜娜, 马丽斌. 监管科技的数据逻辑、技术应用及发展路径 [J]. 南方金融, 2017 (10): 59-65.

[78] IMF课题组, 李丽丽. 金融科技、监管框架与金融服务业的变革 [J]. 新金融, 2017 (10): 8-14.

[79] 王文杰. 金融科技: 缘起、风险及监管 [J]. 吉林工商学院学报, 2017, 33 (05): 78-81+90.

[80] 黄向庆. 金融科技: 国内实践与主要影响 [J]. 金融纵横, 2017 (09): 4-10.

[81] 刘春航, 廖媛媛, 王梦熊, 王广龙, 史佳乐, 李育峰. 金融科技对金融稳定的影响及各国应关注的金融科技监管问题 [J]. 金融监管研究, 2017 (09): 1-20.

[82] 曾繁荣. 金融科技信贷市场发展研究 [J]. 国际金融, 2017 (10): 70-80.

[83] 姚远. 金融科技在普惠金融发展中的应用及思考 [J]. 西部金融, 2017 (07): 91-93.

[84] 黄国平. 金融科技促进普惠金融与金融扶贫发展 [J]. 银行家, 2017 (09): 128-130.

[85] 牛静. 金融科技发展调查研究——以陕西省西安市为例 [J]. 调研世界, 2017 (11): 33-36.

[86] 曹宇青. 金融科技时代下商业银行私人银行业务发展研究 [J]. 新金融, 2017 (11): 33-37.

[87] 刘宝兰. 金融科技与银行业转型发展研究 [J]. 征信, 2017, 35 (10): 87-89.

[88] 杨宇焰. 金融监管科技的实践探索、未来展望与政策建议 [J]. 西南金融, 2017 (11): 22-29.

[89] 宜信. 中美金融科技比较研究 [J]. 首席财务官, 2017 (20): 70-77.

[90] 武安华. 金融科技背景下商业银行的小微金融重构 [J]. 银行家, 2017 (11): 26-29.

[91] 吴凌翔. 金融监管沙箱试验及其法律规制国际比较与启示 [J]. 金融发展研究, 2017 (10): 44-51.

[92] 杨松, 张永亮. 金融科技监管的路径转换与中国选择 [J]. 社会科学文摘, 2017 (11): 77-79.

[93] 张留禄. 金融科技引领金融创新与发展——以广州金融科技中心建设为例 [J]. 金融科技时代, 2017 (12): 12-17.

[94] 周睿敏, 张文秀. 金融科技创新风险及控制探析——基于大数据、人工智能、区块链的研究 [J]. 中国管理信息化, 2017, 20 (19): 33-36.

[95] 叶望春. 金融科技与银行智能化转型 [J]. 中国金融, 2017 (21): 67-68.

[96] 尹优平. 金融科技助推普惠金融 [J]. 中国金融, 2017 (22): 90-91.

[97] 李敏. 金融科技的监管模式选择与优化路径研究——兼对监管沙箱模式的反思 [J]. 金融监管研究, 2017 (11): 21-37.

[98] 吴道义, 罗实, 徐文德. 美国消费者金融保护局"催化剂"项目主要内容及其启示 [J]. 海南金融, 2017 (11): 54-58.

[99] 许闲. 全球保险科技监管概览 [J]. 上海保险, 2017 (11): 11-14.

[100] 李新耀, 黄子奇, 柯丹妮. 金融科技与传统金融比较分析——基于广东省金融科技创新实践案例 [J]. 广东经济, 2017 (12): 64-70.

[101] 赵群, 蔡培轩, 王金龙, 陈纯德. 金融科技背景下银行业服务创新策略实证研究 [J]. 宁波大学学报 (人文科学版), 2018, 31 (01): 100-105.

[102] 刘晓星. 金融发展与金融科技的初心和本源 [J]. 探索与争鸣, 2017 (12): 39-42.

[103] 张华宇. 深化金融科技创新推进银行转型发展 [J]. 中国金融电脑, 2018 (01): 14-17.

[104] 孙中东. 2018年银行业金融科技应用展望 [J]. 中国金融电脑, 2018 (01): 28-31.

[105] 程军, 何军, 袁慧萍, 符方标, 王峰, 薛东生, 陈国栋, 邬敏洁. 金融科技风险与监管对策 [J]. 中国金融, 2017 (24): 70-71.

[106] 陆岷峰, 吴建平. 关于中小商业银行发展金融科技的战略研究——

基于城商行群体的样本分析［J］．湖南财政经济学院学报，2017，33（06）：13-21．

［107］李文红．关于金融科技发展与监管的思考和建议［J］．清华金融评论，2017（11）：33-35．

［108］杨荣．金融科技：新风口下的银行转型之路［J］．金融市场研究，2017（12）：18-29．

［109］娄飞鹏．金融科技下细分市场的后发劣势［J］．金融市场研究，2017（12）：44-50．

［110］陈明端．监管科技发展模式探索与实践——基于国际做法的经验借鉴［J］．北方金融，2017（10）：71-75．

［111］冯展．金融科技创新的机遇以及挑战探析［J］．价值工程，2018，37（05）：11-12．

［112］蔚赵春，徐剑刚．监管科技 RegTech 的理论框架及发展应对［J］．上海金融，2017（10）：63-69．